Susann Waldmann

Goya und die
Herzogin von Alba

Prestel

München · London · New York

Auf dem Einband:
Vorderseite und Rücken: *Nackte Maja*, Details, vgl. Abb. S. 58/59

Frontispiz: *Herzogin von Alba*, vgl. Abb. S. 48

Die Deutsche Bibliothek – CIP-Einheitsaufnahme:
Waldmann, Susann:
Goya und die Herzogin von Alba / von Susann Waldmann. -
München ; New York : Prestel, 1998
(Pegasus-Bibliothek)
ISBN 3-7913-2026-2

© Prestel-Verlag, München · London · New York 1998
Prestel-Verlag, Mandlstraße 26, 80802 München
Telefon 0 89 / 38 17 09 0, Telefax 0 89 / 38 17 09 35

Lektorat: Eckhard Hollmann
Gestaltung: Daniela Petrini
Einbandgestaltung: F. Lüdtke, A. Graschberger, A. Ehmke, München
Lithographie: Repro Ludwig, Zell am See
Druck: Passavia Druckerei GmbH Passau
Bindung: MIB Conzella, Pfarrkirchen

Printed in Germany

ISBN 3-7913-2026-2 (Deutsche Ausgabe)
ISBN 3-7913-1984-1 (Englische Ausgabe)

Inhalt

Dichtung oder Wahrheit:
Die Liebesgeschichte

Alte Frau bettelt eine Maja an
Ausschnitt aus Abb. Seite 60

Die Geschichte von der Beziehung zwischen Goya und der Herzogin von Alba ist eine Geschichte voller Rätsel und Geheimnisse, die schon in der Mitte des 19. Jahrhunderts die Gemüter jener Autoren beschäftigte, die über Leben und Werk des spanischen Malers schrieben. Vom Geist der Spätromantik erfüllt, war es in ihren Augen eine heftige und schicksalhafte Verbindung, die Goyas Leben und künstlerisches Schaffen stark beeinflußte. Doch nicht nur in der Vorstellung der Historiker des 19. und frühen 20. Jahrhunderts hatten der spanische Hofmaler und die erste Dame nach der Königin in Spanien eine aufsehenerregende Liebesbeziehung, die sich über alle sozialen Schranken hinwegsetzte. Auch Lion Feuchtwanger konnte sich der Versuchung nicht erwehren, diese leidenschaftliche Liebesromanze in den Mittelpunkt seines 1951 veröffentlichten Romans ›Goya oder Der arge Weg der Erkenntnis‹ zu stellen.

»Sie kam, tief verhüllt. Sie sprachen nicht, nicht einmal Worte des Grußes. Sie hüllte sich aus dem Schleier; bräunlichweiß, ungeschminkt leuchtete die warme Blässe ihres Gesichtes. Er riß sie an sich, riß sie nieder auf das Lager«. So wild und stürmisch stellte sich Feuchtwanger eine jener zahlreichen Begegnungen zwischen Goya und der Herzogin von Alba vor, die in seinen Augen ihrer beider Leben bis zu ihrem frühen Tod im Jahr 1802 prägten.[1] In seinem Roman erzählt er – eingebettet in die Geschichte Spaniens am Ende des 18. Jahrhunderts – von Liebe, Leidenschaft, Haß und Eifersucht zwischen dem Hofmaler, der Herzogin, der Königin und dem Günstling Godoy.

Nicht nur in Literatur und Wissenschaft hat die legendär gewordene Beziehung zwischen Goya und der Herzogin von Alba, die zu ihrer Zeit wohl eine der aufregendsten und begehrtesten Frauen Spaniens war, ihre Spuren hinterlassen. Auch der Film beschäftigte sich mit diesem Thema. Der spanische Regisseur Luis Buñuel schrieb in den vierziger Jahren ein Drehbuch über die berühmte Romanze, deren Scheitern er in der Unterschiedlichkeit der sozialen Klassen begründet sah. Es wurde nie realisiert. 1958 drehte Henry Koster seinen Spielfilm ›Die nackte Maja‹, in dem der tragische Tod der Herzogin der Liebesaffäre ein Ende setzte.

Danach folgten noch drei weitere Filmprojekte, die einmal mehr einmal weniger die Beziehung Goyas zur Herzogin von Alba beleuchteten.

Mit Sicherheit war bei allen Autoren die Phantasie größer als die Liebe zur Wahrheit. Aber was ist die Wahrheit? Was wissen wir über diese Liebesbeziehung, die bis heute ihren Reiz nicht verloren hat. Fand sie wirklich statt oder ist alles nur eine Verklärung des 19. Jahrhunderts? Was passierte damals? Welche Dokumente gibt es? Und was für eine Frau war die Herzogin von Alba, die Goya nach der romantischen Version der Geschichte fast um den Verstand brachte?

DIE HERZOGIN VON ALBA: DIE RIVALIN DER KÖNIGIN

María Teresa Cayetana wuchs, wohl behütet von ihrer Mutter María del Pilar und ihrem Vater, Herzog von Huéscar, in einem kleinen Ort namens Piedrahita, nahe Ávila auf. Hier im Norden der Sierra de Peña Negra y Villafranca besaß ihr Großvater, XII. Herzog von Alba, eine ansehnliche Sommerresidenz mit großen Ländereien, Parkanlagen und Gärten im italienischen Stil. (Der Palast wurde im 19. Jahrhundert zerstört.) Doch das sorglose Familienglück hielt nicht lange an. Kurz nach dem Umzug der Albas in die Hauptstadt, wohin der König sie gerufen hatte, starb ihr Vater. Der unerwartete Tod des jungen Herzogs war auch für den Großvater ein schwerer Schlag, denn er verlor seinen einzigen Sohn und damit auch den Stammhalter des Hauses Alba. Von nun an übernahm der Herzog von Alba selbst die Erziehung seiner achtjährigen Enkelin, die nach seinem Tod den Titel ›XIII. Herzogin von Alba‹ führen würde. Der alte Herr erzog sie ganz im Sinne Rousseaus, dessen Lehren er studierte und zu dem er auch eine enge Freundschaft pflegte. Frei und wild sollte sie aufwachsen, ohne jedweden Zwängen gehorchen zu müssen, so daß sich ihre geistigen und körperlichen Fähigkeiten frei entwickeln könnten, denn das Natürliche und Gefühlsbetonte im Menschen dürfte durch die Anpassung an die Gesellschaft nicht verdorben werden. So jedenfalls forderte es Rousseau in seinem pädagogischen

Selbstporträt in der Werkstatt, um 1790–1795, Öl auf Leinwand, 42 × 28 cm, Madrid, Real Academia de Bellas Artes de San Fernando

Anton Raphael Mengs, *XII. Herzog von Alba*,
um 1774, Öl auf Holz, 85 × 70 cm, Madrid,
Col. Duque de Alba

Anton Raphael Mengs, *Herzogin von Huéscar*,
um 1774, Öl auf Holz, 83 × 70 cm, Madrid,
Col. Duque de Alba

Roman ›Emile‹ , der 1762, im Geburtsjahr der kleinen María Teresa Cayetana, publiziert wurde. Die künftige Herzogin schien
solche Wünsche durchaus zu erfüllen, denn ihr ungezwungenes
und temperamentvolles Wesen bestätigt uns José Somoza
(1781–1852), der ebenfalls in Piedrahita lebte. In seinen ›Erinnerungen‹ von Piedrahita erzählt er die Geschichte einer alten Frau,
die die Herzogin in ihrer Jugend kannte. »Welch Lebendigkeit!
Welch Fröhlichkeit! Und vor allem welch wunderschöne Haare!«
erinnert sich die alte Dame, die María Teresa Cayetana einmal in
ihrem Palast besuchte und sie gerade beim Ankleiden antraf.
»Meine liebste kleine Freundin«, soll die ungestüme Herzogin in
aller Natürlichkeit damals ausgerufen haben, »wenn es Euch stört,
mich nackt zu sehen, bedecke ich mich mit meinen Haaren«.[2]
Solch kindliche Unbefangenheit und Spontaneität scheint sie ihr
ganzes Leben lang nicht verloren zu haben.

Die Sommermonate pflegten die Albas weiterhin in Piedrahita zu verbringen, den Rest des Jahres lebten sie in Madrid, im Palast de Buenavista (heute Sitz des Verteidigungsministeriums),
den der Herzog von Alba samt den umliegenden Häusern kurz
vor dem Tod seines Sohnes gekauft hatte. Ihre Mutter, die Her-

zogin von Huéscar, war eine elegante und gebildete Frau, die die Literatur und die Künste sehr schätzte. Sie übersetzte Komödien und Dramen aus dem Französischen, zeichnete, und wurde sogar 1766 als Ehrenmitglied in die Akademie von San Fernando aufgenommen. Der Großvater liebte die Musik, förderte junge Musiker und veranstaltete Konzerte. Zudem besaß er eine der bedeutendsten privaten Gemäldesammlungen seiner Zeit. Umgeben von Kunst und Musik verbrachte María Teresa Cayetana unter dem Schutz des Großvaters und der Mutter die noch verbleibenden Jahre ihrer Kindheit, zwischen Ammen, Zofen und Dienstboten.

Es war wohl die Sorge um die Zukunft des Geschlechts der Alba, die den alternden Herzog bewegte, schon früh einen Ehemann für seine Enkelin zu suchen. María Teresa Cayetana war noch nicht einmal dreizehn Jahre alt, als sie am 15. Januar 1775 den achtzehnjährigen Markgrafen von Villafranca heiraten mußte. Doch auch das Eheleben tat dem ungestümen Temperament der jungen Herzogin keinen Abbruch, wie die folgende Geschichte bezeugt, die eine Señora aus der Familie Somozas dem Historiker Joaquín Ezquerra del Bayo erzählte. Eines Tages, berichtet sie, ging die Herzogin in Begleitung einer Zofe in der Nähe ihres Madrider Palastes spazieren, als sie von einem jungen Studenten, der nicht wußte, wer sie war, angesprochen wurde. Sie lockte ihn in ein Gartenlokal, wo sie nach Lust und Laune alle Speisen, die es gab, bestellte. Als der redselige Student bemerkte, daß er die Rechnung nicht begleichen könnte, blieben ihm die liebevollen Worte im Hals stecken. Doch sie bestellte lachend und kokettierend immer weiter: »... Bis er die Hosen fallen läßt!«, soll sie dem Schankwirt gesagt haben, der genau wußte, wer die kapriziöse junge Frau war. Und so passierte es auch: Der Galan mußte zum

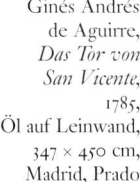

Ginés Andrés de Aguirre, *Das Tor von San Vicente*, 1785, Öl auf Leinwand, 347 × 450 cm, Madrid, Prado

Gelächter aller seine Hose als Pfand hinterlassen. Doch dies war nicht das Ende der Geschichte. Auf dem Rückweg versuchte die Herzogin, den niedergeschlagenen Verehrer wieder aufzuheitern, bis er von seinen Zielen im Leben erzählte. Sie versprach ihm, daß in der folgenden Nacht seine Wünsche in Erfüllung gehen würden. Der nichtsahnende Student wurde am nächsten Abend von einem Dienstboten in den Palast der Herzogin von Alba geführt. Hier sah er sich jener jungen Frau aus dem Straßencafé gegenüber, die ihn, nun in der standesgemäßen Robe gekleidet, empfing, um ihr Versprechen zu erfüllen.[3]

Ob sich diese Geschichte wirklich so zugetragen hat, wissen wir natürlich nicht. Jedoch lehrt die Erfahrung, daß in jeder Anekdote ein bißchen Wahrheit steckt. Die Herzogin von Alba war gegenüber sozial Schwächeren sehr hilfsbereit und kannte keine

Marquise de la Solana,
um 1794/95,
Öl auf Leinwand,
183 × 124 cm,
Paris, Louvre

Standesvorurteile, wie es uns ihr Testament in hohem Maße bestätigt, aber sie liebte auch das Spiel der erotischen Verführung.
Der Franzose Fleuriot de Langle, der zu Beginn der achtziger
Jahre durch Spanien reiste, bemerkte: »Die Herzogin von Alba
besitzt kein einziges Haar, das nicht Begierde weckt. Nichts auf
der Welt ist so schön wie sie [...]. Wenn sie vorbeigeht, steht alle
Welt am Fenster, sogar die Kinder, die mit Spielen aufhören, um
sie anzuschauen«.[4]

Leider sind keine Bildnisse der jungen María Teresa Cayetana
bekannt, die uns ihre Schönheit und erotische Ausstrahlung nach-
empfinden ließen. Auch das Porträt der kleinen Herzogin mit
ihrer Mutter – in der älteren Literatur noch erwähnt – ist verloren. Einen Eindruck von ihrer Grazie vermittelt jedoch Goyas
Porträt der Herzogin in Weiß, das sie im Alter von 33 Jahren zeigt.

Manuel Godoy, 1801,
Öl auf Leinwand,
180 × 267 cm,
Madrid, Real Academia
de San Fernando

Das schwarze Haar, die grazile Gestalt und der hochmütige Blick lassen erahnen, wovon der französische Reisende berichtet.

Die junge Herzogin von Alba war – den zahlreichen Beschreibungen zufolge – eine außergewöhnlich faszinierende Frau, was nicht nur durch ihre Schönheit, sondern auch durch ihr Verhalten, das nicht weniger die Aufmerksamkeit ihrer Zeitgenossen erregte, zu erklären ist. Sie wußte, sich in der Gesellschaft zu bewegen, aber sie verstand es ebensogut, die Konventionen zu brechen. Dies stieß nicht immer auf positive Resonanz. Der Ehemann der Markgräfin von La Solana, einer langjährigen Freundin María Teresa Cayetanas, legte seiner Frau in einem Brief vom 11. September 1785 nahe, sich von der Alba wegen ihres Benehmens zu distanzieren, da sie – so schreibt der Graf – »anstelle zu überlegen was in Betracht käme und was sein muß, die Zeit auf angenehme Weise nützt, um in jenen Momenten ›tiranas‹ zu singen und die Majas zu beneiden«.[5]

Majas nannte man jene jungen Frauen aus dem Volk, die sich bewußt in der traditionellen Mode ihres Landes kleideten. Eine Maja trug die spanische Mantilla um Kopf und Schultern, und manchmal auch ein breites Tuch um die Hüften. So zeigte sie sich mit ihren Freundinnen auf den Flanierstraßen der Stadt, bei Tänzen, Festen und

Herzogin von Alba in Weiß, 1795, Ausschnitt aus Abb. Seite 33

anderen Volksbelustigungen. Der Majo an ihrer Seite trug eine enge Weste, eine bunte Schärpe, einen weiten Umhang und einen großen Schlapphut. So bevölkerten sie die Straßen von Madrid. In vielen Gemälden und Theaterstücken jener Zeit wurden diese pittoresken Gestalten beim Spaziergang, im Gespräch, beim Tanz oder Picknick verewigt. Die Majas und Majos verkörperten das traditionsbewußte Spanien, das im Zuge der Aufklärung immer stärker von der französischen Lebensart verdrängt worden war. Auch in den Kreisen der Madrider Aristokratie fand die volkstümliche Mode viele Anhänger. Ihre wohl bekannteste Verfechterin war die Herzogin von Alba, die sich nur ungern mit der weißgepuderten Perücke zeigte, dafür umso lieber in der schwarzen Mantilla. Sie liebte die volkstümlichen Feste, das Singen und Tanzen, eben genau das, was der Graf in seinem Brief

Die Familie Karls IV., Ausschnitt aus Abb. Seite 79

verurteilte. So frei und unbeschwert war sie von ihrem Großvater erzogen worden, und so lebte sie auch, mitten in Madrid.

Ihre größte Rivalin im gesellschaftlichen Leben war niemand geringeres als die Königin von Spanien, María Luisa von Parma. Von ihr berichtet Wilhelm von Humboldt auf seiner Reise durch Spanien (1799–1800), daß sie »wohl gebildeter« gewesen sei als ihr Gemahl, König Karl IV., aber dafür »fürchterlich häßlich«.[6] Daß Humboldt mit seiner Beschreibung nicht allzu sehr übertrieben hatte, wissen wir von Goya, der die markanten Gesichtszüge der spanischen Königin in zahlreichen Bildnissen überlieferte.

Auch María Luisa war für ihre galanten Abenteuer bekannt. Ihre berühmteste und für die Geschichte Spaniens zugleich schwerwiegendste Affäre war die Beziehung zu dem jungen Manuel Godoy, der durch ihre Gunst seit 1784 in kürzester Zeit bei Hofe vom einfachen Kadetten bis zum Herzog von La Alcudia aufgestiegen war und der später sogar für den politisch schwachen Karl IV. die Regierungsgeschäfte führte. Doch Godoy, obgleich auch er eine Romanze mit der Herzogin von Alba hatte, war nicht der Auslöser für die Feindschaft zwischen den beiden Frauen.

In einem kleinen, heute nur noch in wenigen Exemplaren vorhandenen Büchlein des Pierre Nicolas Chantreau, das 1793 in Madrid veröffentlicht wurde, werden nicht nur das politische Leben der Königin von Spanien, sondern auch die »amourösen Intrigen mit dem Herzog von La Alcudia und ihre Eifersucht gegenüber der Herzogin von Alba« beschrieben. Hier kann man die folgende Geschichte über den Offizier Juan Pignatelli nachlesen, der in den Jahren um 1780 zwischen den beiden mächtigsten Frauen Spaniens stand.

Francisco Bayeu,
El paseo de las Delicias,
um 1785,
Öl auf Leinwand,
37 × 55 cm,
Madrid, Prado

*El quitasol
(Der Sonnenschirm),*
1777,
Öl auf Leinwand,
104 × 152 cm,
Madrid, Prado

In den Augen Chantreaus, der vor 1784 in Madrid lebte, war Juan Pignatelli in seine Stiefschwester, die junge Herzogin von Alba, verliebt, die seinen Avancen jedoch mit einer gewissen Hartnäckigkeit widerstand. Dafür aber interessierte sich María Luisa, damals noch Prinzessin von Asturien, für den jungen Offizier. Sie schenkte ihm als Beweis ihrer Zuneigung eine goldene, mit Brillanten besetzte Dose. Nach langer liebevoller Belagerung durch den Stiefbruder änderte schließlich María Teresa Cayetana ihre ablehnende Haltung, jedoch nicht ohne das Geschenk der Rivalin als Liebesbeweis zu fordern, im Tausch gegen einen Diamantring. Als die Prinzessin den Diamantring der Alba am Finger ihres Galans sah, forderte wiederum sie den Ring als Geschenk, um beim nächsten offiziellen Handküssen die Rivalin herauszufordern. Die Herzogin ließ sich nicht provozieren, sondern beendete die Beziehung zu ihrem Geliebten. Der zweite Teil der Geschichte, die Chantreau in seiner Schmähschrift ebenso ausführlich erzählt, handelt von den Racheversuchen der Herzogin, die erst ihr Ende fanden, als der König auf Geheiß seines Sohnes María Teresa Cayetana all ihrer Aufgaben bei Hof enthob.[7]

17

Wir wissen nicht, ob sich die Dreiecksaffäre im einzelnen tatsächlich so zugetragen hatte. Sie ist jedoch ein Beweis für die Rivalität zwischen den beiden ersten Damen der spanischen Gesellschaft, die durch weitere Anekdoten aus der Feder Chantreaus bestätigt wird. Auch Lady Holland, die von 1802 bis 1805 in Spanien lebte, berichtet in ihrem >Spanish Journal< Ähnliches: »Die Herzogin war für die große Lady immer ein Objekt der Eifersucht und des Neides. Ihre Schönheit, Popularität, Grazie, Reichtum und Rang zerstörten ihr Herz«.[8]

Uns mögen heute die offenen Liebesromanzen verheirateter Frauen bei Hof sehr erstaunen, doch unter der Regentschaft von María Luisa und Karl IV. war es geradezu üblich, sich als verheiratete Frau öffentlich mit einem anderen Mann zu zeigen. »Wenn eine Señora frisch verheiratet ist«, so berichtet ein englischer Reisender 1776, »sieht man sie von einem Bienenschwarm von Konkurrenten belagert, die darauf warten, erwählt zu werden. Sobald sie einem den Vorzug gegeben hat, ziehen sich die anderen zurück«.[9]

Der >cortejo<, so nannte man den Auserwählten, machte seiner Dame vor aller Augen den Hof. Man zeigte sich zusammen in der Öffentlichkeit, man ging ins Theater, auf Feste, zu Konzerten; wie zum Beispiel 1784 die Herzogin von Osuna, die zum Empfang zu Ehren des portugiesischen Botschafters in Begleitung ihres Cortejo erschien. Der Cortejo war eine feste Institution der verheirateten Frau in der zweiten Hälfte des 18. Jahrhunderts. Er wurde ebenso von der Gesellschaft wie von dem Ehemann toleriert, da er neben den Vergnügen auch gewisse Pflichten übernehmen mußte, in erster Linie natürlich solche finanzieller Natur: Ob Kleider, Schmuck oder Geschenke, alles was die Dame begehrte, mußte er erfüllen. Aus dieser Perspektive betrachtet, war es bestimmt keine leichte Aufgabe, cortejo einer kapriziösen Dame in einer Zeit gewesen zu sein, als die Damenwelt vom Drang nach Luxus geradezu besessen war. Ob der Cortejo wirklich nur rein gesellschaftliche Funktionen erfüllte, wußte man im einzelnen wohl nie so genau. Dies blieb verständlicherweise meist das Geheimnis der Beteiligten. So wissen wir bis heute nicht, welche Rolle Juan Pignatelli im Intrigenspiel der beiden jungen Frauen wirklich spielte. War er Galan oder Liebhaber oder vielleicht nur Opfer zweier Damen, die sich auf Kosten des Mannes ein bißchen amüsieren wollten.

Brief Goyas an Zapater,
>London 2 August 1800<
(1794), Prado, Madrid

Die Herzogin von Alba liebte das Vergnügen und die Abwechslung. Sie engagierte sich weder für die sozialen Probleme ihrer Zeit, wie die Herzogin von Osuna, noch spielte sie im politischen Geschehen eine Rolle, wie ihre Konkurrentin die Königin von Spanien. Das Leben der Alba bestand, wenn man den Berichten ihrer Zeitgenossen glauben darf, in erster Linie aus gesellschaftlichem Klatsch, Amouren und Verstößen gegen jegliche Art von Konventionen. Von dieser Frau wüßten wir heute wohl kaum noch etwas, wenn sie nicht Francisco de Goya begegnet wäre.

»GESTERN KAM SIE INS ATELIER...«: DIE ERSTE BEGEGNUNG

»Die Knie zitterten ihm. Jedes Haar von ihr, jede Pore ihrer Haut, die starken, hohen Augenbrauen, die unter den schwarzen Spitzen halbentblößten Brüste erregten in ihm eine Leidenschaft ohne Maß.« So beschreibt Lion Feuchtwanger jene schicksalhafte Begegnung zwischen dem Maler Francisco de Goya und der Herzogin von Alba bei einem der großen Feste im Palast de Buenavista im Jahr 1793.[10] Nach Feuchtwanger hatte Goya die Herzogin bereits häufiger getroffen, er hatte sogar schon ein Porträt von ihr gemalt, doch erst an diesem Abend sah er sie wirklich: »Sie saß, nach alter Sitte, auf einer niedrigen, mit Teppichen belegten Estrade, die durch ein kleines Gitter mit weiter Öffnung vom übrigen Saal geschieden war, und sie trug nicht wie die übrigen Damen ein modernes Kleid, sondern ein spanisches von altem Zuschnitt. [...] Töricht, wortlos stand er unter der Tür und starrte unbewegt auf die Alba.« Man ist geneigt, der Phantasie des Schriftstellers bedingungslos zu folgen, doch scheinen schon zu Beginn der Erzählung Zweifel an der historischen Richtigkeit angebracht, denn im Jahr 1793, als die französischen Könige Marie-Antoinette und Ludwig XVI.

Francisco Bayeu, 1786,
Öl auf Leinwand,
107 × 80 cm,
Valencia,
Museo provincial
de Bellas Artes

in Paris hingerichtet wurden, war Goya nicht 45, wie Feuchtwanger schreibt, sondern bereits 47 Jahre alt. Auch ist heute kein Porträt der Herzogin von Alba von Goyas Hand vor 1795 bekannt, wie es Feuchtwanger versichert. Diese Unstimmigkeiten, im Kontext eines Romanes bedeutungslos, wiegen jedoch schwerer, wenn es um die Frage geht, wann Goya der Herzogin von Alba tatsächlich zum ersten Mal begegnete.

Das erste Dokument, das ein Zusammentreffen der beiden bestätigt, ist ein Brief Goyas an seinen Freund Zapater nach Zaragoza, in dem er u.a. von dem Besuch der Herzogin in seinem Atelier berichtet. Sie kam – so Goya – »gestern ins Atelier, um sich das Gesicht bemalen zu lassen, und so verließ sie es auch; freilich ge-

Selbstporträt,
um 1771–1775,
Öl auf Leinwand,
58 × 44 cm,
Madrid, Privatbesitz

fällt es mir besser als auf Leinwand zu malen.«[11] Daß Goya dem Gesicht der Herzogin von Alba den Vorzug gab, ist durchaus verständlich, denn es war für den königlichen Hofmaler mit Sicherheit nicht nur ein ästhetischer Genuß, sondern auch eine große Ehre, das Gesicht der ersten Dame nach der Königin zu schminken. Der Brief ist »London, 2. August 1800« datiert. Demnach hätte María Teresa Cayetana am 1. August 1800 Goya in seinem Atelier in London aufgesucht. Doch Goya war nie in London, noch hatte er je dort ein Atelier. Aus dem weiteren Inhalt des Briefes geht jedoch hervor, daß diese Zeilen zwischen Juli 1794 und August 1795 geschrieben wurden, denn Goya berichtet im folgenden von seinem Lehrer und Schwager Francisco Bayeu, der wegen seines schlechten Gesundheitszustandes nach Zaragoza umgesiedelt sei.

Wir wissen, daß Bayeu am 14. Juli 1794 den König um Erlaubnis bat, nach Zaragoza reisen zu dürfen, und daß er dort am 4. August des folgenden Jahres starb. Goya schrieb demnach den zitierten Brief an seinen Freund Zapater wahrscheinlich am 2. August 1794. Dies bedeutet, daß er bereits seit dem Sommer 1794 in engerem Kontakt mit dem Hause Alba stand, denn das Anliegen der Herzogin zeugt von einer recht vertraulichen Beziehung zu dem spanischen Hofmaler. Um diese Zeit hatte Goya bereits den Auftrag erhalten, die Herzöge von Alba in Lebensgröße zu porträtieren. *Das Bildnis der Herzogin von Alba in Weiß*, datiert 1795, wird in diesem Brief schon erwähnt.

Ob das Bemalen des Gesichtes der wahre Grund für das Kommen der Herzogin war, werden wir wohl nie erfahren. Auch ist bis heute unklar, warum Goya gerade diesen Brief, der aus heutiger Sicht das früheste Dokument für ein Zusammentreffen Goyas mit der Herzogin von Alba darstellt, falsch datierte. Bahnte sich vielleicht schon eine Liebesaffäre zwischen ihm, dem königlichen Hofmaler, und ihr, der zweiten Dame im Staat an, die so unwirklich und phantastisch war, wie die Datierung des Briefes?

Mit Sicherheit war die Begegnung im Atelier am 1. August 1794 nicht das erste Treffen zwischen dem Maler und seinem Modell, denn Goya schien der hohe Besuch, den er leider nur mit ein paar Zeilen erwähnte, nicht sonderlich überrascht zu haben. Auch nach Meinung Feuchtwangers und vieler anderer Autoren kreuzten sich ihrer beider Wege schon früher.

Goya und seine Frau Josefa Bayeu, Schwester des Hofmalers Francisco Bayeu, lebten seit 1774 in Madrid. Goya war damals 28, Josefa 27 Jahre alt. Sie kannten sich seit der Kindheit aus Zaragoza. Das jung vermählte Paar wohnte im Hause des Schwagers Francisco, durch dessen Fürsprache Goya noch im gleichen Jahr an den Hof berufen wurde. Für Goya war es der Beginn einer steilen Karriere.

Kurz nach seiner Ernennung zum Hofmaler feierte man in Madrid eine große Doppelhochzeit, die auch für den jungen und erfolgsorientierten Goya von Bedeutung gewesen sein könnte:

Gräfin-Herzogin von Benavente (Herzogin von Osuna), 1785, Öl auf Leinwand, 104 × 80 cm, Palma de Mallorca, Bartolomé March Servera

María Teresa Cayetana heiratete am 15. Januar 1775 den achtzehnjährigen Markgrafen von Villafranca. Auch ihre Mutter, die Gräfin-Witwe von Huéscar, trat am selben Tag erneut vor den Traualtar. Sie ehelichte den um etliche Jahre älteren Joaquín Pignatelli, Graf von Fuentes, der vier Söhne mit in die Ehe brachte, unter anderem auch Juan, mit dem María Teresa Cayetana nach Chantreaus Erzählungen ein Liebesverhältnis hatte. Joaquín Pignatelli war das Oberhaupt der aragonesischen Familie Pignatelli, die sich als Mäzen von Literaten und Künstlern einen Namen gemacht hatte. Der Maler José Luzán aus Zaragoza, Goyas erster Lehrer, wurde von ihnen gefördert. Für den verarmten Grafen von Fuentes eröffneten sich nach der Hochzeit mit der Gräfin-Witwe von Huéscar wieder neue Möglichkeiten für sein Mäzenatentum. Vielleicht klopfte Goya schon kurz nach 1775 an die Tür Pignatellis, um sich dem kunstsinnigen Grafen als frisch ernannter Hofmaler und ehemaligen Schüler des José Luzán vorzustellen. Hier hätte er der jungen María Teresa Cayetana begegnen können. Auch Goyas enger Freund Zapater pflegte den Kontakt zur Familie Pignatelli. Er kannte den Bruder des Grafen, den Kanonikus Ramón Pignatelli, der die Doppelhochzeit der Albas in Madrid segnete.

La caída (Der Sturz),
1786–1787,
Öl auf Leinwand,
169 × 100 cm,
Madrid, Privatbesitz

(Goya porträtierte den Geistlichen um 1790/91.) Eine Verbindung zwischen Goya und dem Hause Alba über die Familie Pignatelli und seinen Freund Zapater ist folglich durchaus denkbar. Aufträge aus dem Haus des Grafen von Fuentes an Goya sind nicht belegt. Der alte Graf starb nur ein Jahr nach seiner Hochzeit.

Eine zweite Gelegenheit, die Herzöge von Alba kennenzulernen, bot sich für Goya aus heutiger Sicht erst viele Jahre später, nämlich 1786, als die Herzöge von Osuna den nunmehr anerkann-

*La vendimia
(Der Herbst)*,
1786–1787,
Öl auf Leinwand,
275 × 190 cm,
Madrid, Prado

ten Hofmaler mit der Ausschmückung ihres Landsitzes La Alameda beauftragten. Für Goya waren die Jahre um 1786 eine glück-
liche Zeit: 1784 wurde sein Sohn Francisco Javier geboren, 1785 ernannte man ihm zum stellvertretenden Direktor für Malerei an
der Königlichen Akademie von San Fernando, 1786 folgte seine
Ernennung zum Königlichen Hofmaler Karls III. Zudem war er
mittlerweile zum beliebtesten Maler der am Hof vertretenen Familien Spaniens aufgestiegen, wozu auch die Osunas gehörten,
die ihn seit 1785 regelmäßig mit Aufträgen bedachten. Die Herzogin von Osuna war, neben der Herzogin von Alba, eine der

berühmtesten und geistreichsten Frauen ihrer Zeit. Als Präsidentin der Frauensektion der Ökonomischen Gesellschaft von Madrid förderte sie viele Schauspieler, Stierkämpfer und Künstler, unter anderem auch Goya. Sie war weder so kapriziös noch so attraktiv wie ihre gesellschaftliche Konkurrentin, doch sie bestach durch ihre Klugheit und Eleganz. Sie kleidete sich nie in der Art der Majas, sondern stets im Stil der französischen Mode. So porträtierte sie Goya im Jahr 1785.

Zwischen 1786 und 1787 malte Goya, wie die Rechnungen belegen, für die Herzöge von Osuna einen Zyklus von sieben Gemälden mit ländlichen Szenen, der für ihr Landhaus La Alameda gedacht war. Die Herzöge von Osuna waren nicht nur Auftraggeber, sondern pflegten zu dieser Zeit auch den Kontakt zu ihrem Maler, wie ein Brief vom 23. August 1786 belegt. Hierin erzählt Goya seinem Freund Zapater von einer gemeinsamen Jagd mit dem Markgraf von Peñafiell, dem späteren Herzog von Osuna.[12] Auch die Herzogin von Alba verband eine Freundschaft zur Familie Osuna, die sie häufig auf ihrem Landsitz besuchte. Auf La Alamada besaß María Teresa Cayetana sogar einen eigenen Reitesel für die gemeinsamen Ausritte mit der Herzogin von Osuna, wie das Inventar des Landhauses bezeugt.[13]

Eines der sieben Gemälde, die Goya für den Landsitz der Osuna malte, schildert einen solchen Ausflug mit Eseln in ländlicher Umgebung. Dargestellt ist der Sturz eines der Reittiere, so auch der Titel des Bildes. Historiker der ersten Hälfte des 20. Jahrhunderts glaubten, in der jungen Frau, die ohnmächtig zu Boden liegt, die Herzogin von Alba zu erkennen, und in dem Mann, der sie von hinten stützt, niemand anderen als Goya. Es ist nicht auszuschließen, daß sich Goya bei der Komposition des Gemäldes von einer wahren Begebenheit inspirieren ließ, die er vielleicht sogar während einer seiner Aufenthalte in La Alameda selbst erlebt hatte. Doch ob die Alba das Opfer jenes Unglücksfalls war, obliegt, wie auch die Beurteilung der Ähnlichkeit der jungen Dame mit der Herzogin, der Freiheit eines jeden Interpreten. Sicher ist, daß die Herzogin von Alba Goyas Gemäldezyklus auf dem Landsitz der Osunas aus eigener Anschauung kannte und seine Kunst dort bewundern konnte. Es ist durchaus möglich, daß die beiden sich bei einem der großen Feste begegneten, die regelmäßig in La Alameda stattfanden.

Fast gleichzeitig mit den Gemälden für das
Landhaus der Herzöge von Osuna entstand
die wohl schönste Serie von Tapisseriekartons (1786–1788), die Karl III. bei seinem
Hofmaler Goya bis dahin in Auftrag gab. Zu
diesem Zyklus gehört auch die Folge der
Jahreszeiten, die für den Speisesaal der königlichen Residenz gedacht war und die sich
heute im Prado in Madrid befindet. In der
Darstellung des Herbstes *La vendimia* (Die
Weinlese) sieht man ein junges Paar, in
feine Tracht gekleidet, auf einer steinernen
Bank inmitten eines Feldes sitzen. Ein kleiner Knabe und eine junge Frau leisten ihnen
Gesellschaft. In der Vorstellung einiger Historiker, die zu Beginn unseres Jahrhunderts
über Goya und die Herzogin von Alba
schrieben, sind es die Herzöge von Alba, die

Sebastían Martínez,
1792,
Öl auf Leinwand,
92,9 × 67,6 cm,
New York, Metropo-
litan Museum of Art

Goya hier in der weiten Landschaft von Piedrahita Modell saßen,
begleitet von Josefa Bayeu, Goyas Frau, und ihrem gemeinsamen
Sohn Javier. Wir wissen nicht wie Josefa Bayeu in jungen Jahren
aussah, da von ihr nur eine Porträtzeichnung existiert, die sie im
Alter von 58 Jahren zeigt. Doch der Junge kann auf keinen Fall der
kleine Javier Goya sein, da er im Sommer 1786 noch nicht einmal
zwei Jahre alt war. Auch die Ähnlichkeit der beiden Protagonisten
mit den Herzögen von Alba ist nur schwer nachvollziehbar. Möglich wäre nur, daß Goya sich hier einmal mehr von der geschauten
Wirklichkeit inspirieren ließ.

Die Albas verbrachten in jenen Jahren die Sommermonate
meist auf ihrem Landsitz in Piedrahita, nahe Ávila, wo María Teresa Cayetana die ersten Jahre ihrer Kindheit verlebte. Wenn
Goya die Herzogin von Alba wirklich 1786 auf dem Landsitz der
Osunas kennengelernt haben sollte, kann man sich ohne weiteres
auch vorstellen, daß sie den Königlichen Hofmaler noch im gleichen Jahr, vielleicht sogar mit seiner Familie, in ihre Sommerresidenz einlud. Auch in Feuchtwangers Roman weilte Goya für einige Wochen in Piedrahita. Hier in der ländlichen Umgebung der

Berge hätte er durchaus Anregungen und Eindrücke für die Kompositionen der vier Tapisseriekartons finden können, die Goya, bevor er an die endgültige Ausführung ging, in kleinformatigen Ölskizzen festhielt. Die Landschaften in *La vendimia* und *Las floreras* (Der Frühling) zeigen bei genauerer Betrachtung tatächlich eine gewisse Ähnlichkeit mit der Gegend um Ávila.

Zwischen 1774, dem Jahr, als Goya nach Madrid umsiedelte, und dem Sommer 1794, als María Teresa Cayetana sein Atelier betrat, boten sich tatsächlich einige Gelegenheiten, bei denen Goya der Herzogin von Alba begegnet sein könnte, nicht zuletzt im Hause der Gräfin von Altamira, der Schwägerin der Alba, die sich 1787/88 mit ihrer kleinen Tochter María Agustina von Goya porträtieren ließ.

Goyas erste Reise nach Andalusien

Ein Geheimnis in Goyas Biographie ist bis heute seine erste Reise nach Andalusien im Winter 1792/93 geblieben, die sein Leben für immer verändern sollte. Hals über Kopf, glaubten die Autoren des 19. Jahrhunderts, sei Goya in jenem Winter der Herzogin von Alba in den Süden Spaniens nachgereist, wo sie unweit von Cádiz eine Sommerresidenz besaß. Hier in Sanlúcar de Barrameda begann in ihren Augen die leidenschaftliche und schicksalhafte Liebesbeziehung zwischen Goya und der Herzogin von Alba. Doch was sagen die Quellen?

Wir wissen, daß Goya im November des Jahres 1792 Madrid ohne offizielle Genehmigung verließ, um nach Andalusien zu reisen. Als Hofmaler war er gewissermaßen königlicher Beamter, der sich ohne Erlaubnis nicht vom Hof entfernen durfte. Aus einem Brief seines Freundes Zapater vom 11. Januar 1793 erfahren wir, daß Goya im Hause des Kaufmannes Sebastián Martínez in Cádiz krank zu Bett lag, und zwar schon seit einiger Zeit, wie uns das 1792 datierte Bildnis seines Freundes und Gastgebers bestätigt. Es zeigt den etwa 45jährigen Martínez, im Stil der französischen Mode gekleidet, mit Puderperücke und Rüschenhemd. In der rechten Hand hält er ein Blatt Papier, worauf geschrieben steht: »D. Sebastián Martínez von seinem Freund Goya 1792«. Goya malte dieses Bildnis wohl in den letzten Wochen des Jahres 1792, entweder vor oder während seiner Krankheit, durch die er für immer das Gehör verlieren sollte. Wegen seiner Erkrankung verzögerte sich wohl auch seine Rückkehr nach Madrid. Seine Abwesenheit in der Hauptstadt blieb nicht unbemerkt. Goya mußte nachträglich, um weiterhin den Salaire des Hofmalers beziehen zu können, offiziell um Urlaub bitten. Durch Martínez Vermittlung wurde dem letztendlich im Januar 1793 für zwei Monate stattgegeben. In dem amtlichen Bewillungschreiben heißt es: »Der König hat die Güte, Francisco Goya die Erlaubnis für zwei Monate zu gewähren, sich nach Andalusien zu begeben, um dort seine Gesundheit wieder herzustellen«.[14] Wohl aus Geldmangel versuchte Goya zur gleichen Zeit einen Vorschuß von den Herzögen von Osuna zu ersuchen. In einem Brief an den Verwalter der Herzöge, den er, um seine Abwesenheit aus der Hauptstadt zu vertuschen, fälschlich mit »17.1.1793 Madrid« datierte, entschuldigte er seine Bitte mit dem Verweis auf sein gesundheitliches Leiden. Er habe, so schrieb er, »zwei Monate mit schmerz-

haften Koliken im Bett verbracht und sei nun im Begriff mit Erlaubnis nach Sevilla und Cádiz zu reisen«, woraufhin der Herzog von Osuna 10.000 Reales nach Sevilla sandte.[15] Goya versuchte demnach auch dem Herzog von Osuna Glauben zu machen, er wäre noch in Madrid und würde erst nach offizieller Genehmigung die Hauptstadt verlassen. Mit der Erwähnung seiner zweimonatigen Bettlägrigkeit wollte er wahrscheinlich sein Fehlen in der Öffentlichkeit während dieser Zeit rechtfertigen. Warum dieses Versteckspiel?

Martín Zapater,
1790,
Öl auf Leinwand,
83 × 65 cm,
Privatbesitz

   Als Goya im November 1792 Madrid verließ, plante er mit Sicherheit keinen längeren Aufenthalt in Andalusien. Durch seine Krankheit verzögerte sich jedoch die Rückkehr in die Hauptstadt. Goya mußte daher alles versuchen, um seine Reise nach Andalusien, die er ohne Erlaubnis angetreten hatte, zunächst geheimzuhalten, was ihm mit Hilfe seiner Freunde auch gelang. Sein Gastgeber Martínez bat in einem Brief vom 19. März 1793 sogar offiziell um eine Urlaubsverlängerung für seinen Patienten. Mitte März befand sich Goya endlich auf dem Weg der Besserung. Am 29. März schrieb

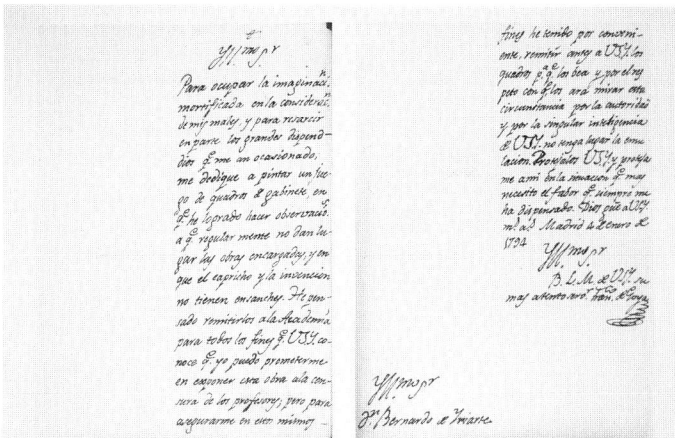

Martínez zu Zapater nach Zaragoza: »Freund und Herr: Es ist ein schlechter Tag um zu schreiben, aber ich werde es nicht lassen, Ihnen als Antwort auf Ihre Wertschätzung vom 19. zu berichten, daß es unserem Goya langsam wieder besser geht. Ich vertraue der Jahreszeit und den Bädern [...]. Das Dröhnen im Kopf und die Taubheit haben noch nicht nachgelassen, aber er sieht wieder viel besser aus und leidet auch nicht mehr an Gleichgewichtsstörungen. Er kann schon sehr gut die Treppen hinauf- und hinabsteigen und tut wieder Dinge, die er nicht mehr machen konnte«.[16]

Viele Autoren, darunter auch Ärzte, haben versucht, aufgrund der hier beschriebenen Symptome eine Diagnose für Goyas Leiden zu stellen. Doch sie kamen bisher zu keinem schlüssigen Ergebnis: In der Diskussion waren unter anderem Syphilis, Gehörsturz, Embolie und Bleivergiftung, letzteres ausgelöst durch den hohen Bleigehalt der Farben, die Goya zum Malen verwendete.

Wie die Krankheit, bleibt bis heute auch der Grund dieser Reise ungeklärt, was Anlaß zu wilden Spekulationen gab. Man glaubte an ein geheimes Treffen mit der Herzogin von Alba in der Abgeschiedenheit ihrer Sommerresidenz in Sanlúcar de Barrameda. Doch für diese These, die dem romantischen Geist des 19. Jahrhunderts entsprang und auch heute noch Anhänger findet, gibt es keine Beweise. Vielmehr sprechen aus heutiger Sicht einige Dokumente dagegen: Der Alba-Palast in Sanlúcar de Barrameda war zwischen 1789 und 1795 an den Erzbischof von Sevilla vermietet. Das Wiedersehen hätte demnach nur auf dem kleinen

Corral de locos
(Hof der Irren), 1794,
Öl auf Zink,
43,8 × 32,7 cm,
Dallas,
Meadows Museum

abgelegenen Landgut ›El Rocio‹ (Der Tau) zwischen Sevilla und
der Atlantikküste stattfinden können. Doch María Teresa Cayetana hielt sich, wie wir aus den Quellen wissen, im September und
Oktober 1792 auf ihrem Landsitz in Piedrahita auf, um sich dort
von einer schweren Krankheit zu erholen. Am 2. November war
die Herzogin wieder in Madrid, kurz darauf traf sie sich mit ihrem
Gemahl im Escorial. Anfang Dezember kehrte sie allein in die
Hauptstadt zurück. Folglich wäre nicht Goya der Herzogin, sondern die Herzogin dem kranken Goya nach Andalusien nachgereist. Eine sehr kühne These!

Vielleicht wollte Goya, als er im November 1792 Madrid verließ, tatsächlich seinem Freund Sebastián Martínez in Cádiz einen
kurzen Besuch abstatten, um dort sein Porträt zu malen und um
dessen berühmte Kunstsammlung von mehr als 300 Gemälden
und mehreren tausend Graphiken kennenzulernen. Oder er
machte sich auf den Weg nach Sevilla, um die Kirche Santa
Cueva, die sich zu dieser Zeit noch im Bau befand, anzuschauen,
da er kurz zuvor den Auftrag erhalten hatte, drei Gemälde für

deren Ausstattung anzufertigen. Möglicherweise wollte Goya aber auch nur einige unbeschwerte Tage in Andalusien verbringen. Eines jedoch scheint sicher: Die Herzogin von Alba war nicht der Anlaß seiner Reise.

Goya kehrte jedenfalls im Frühjahr 1793 als tauber Mann nach Madrid zurück, wo er seine künstlerische Tätigkeit langsam, aber mit neuer Kraft wiederaufnahm. Ein Beweis dafür ist die Gruppe der sogenannten Kabinettstücke, die er dem Vizeprotektor der Akademie von San Fernando, Bernardo de Iriate, in dem berühmten Brief vom 4. Januar 1794 vorstellte:

Herzog von Alba,
1795,
Öl auf Leinwand,
195 × 126 cm,
Madrid, Prado

»Erlauchtester Herr. Um meine durch die Betrachtung meiner Leiden gequälte Phantasie zu beschäftigen und um teilweise die hohen Kosten auszugleichen, die mir dadurch entstanden sind, habe ich damit begonnen, eine Gruppe von Kabinettstücken zu malen, in denen es mir gelungen ist, Beobachtungen anzustellen, die in Auftragsarbeiten gewöhnlich keinen Platz finden, da bei diesen Laune und Erfindungsgabe nicht frei schalten und walten können«.[17]

»Capricho« (Laune) und »invención« (Erfindungsgabe) sind die künstlerischen Errungenschaften aus jenen Monaten, die durch körperliche und seelische Leiden gezeichnet waren. Sie eröffneten dem Maler eine neue Bildwelt, die sich weniger an der geschauten, als an einer »inneren« Wirklichkeit orientierte. Die Werke nach 1793 sind von einer bisher unbekannten Tiefe und Ernsthaftigkeit geprägt. Wäre Goya an dieser heimtückischen Krankheit, die ihm den Tod vor Augen geführt hatte, gestorben, er wäre aus heutiger Sicht nur einer von vielen spanischen Hofmalern des 18. Jahrhunderts.

Ganz in Weiß steht sie da, die Herzogin von Alba. Die rote
Schärpe, eng um die Taille geschnürt, betont sehr bewußt ihre
zierliche Gestalt. Das schwarze lockige Haar, das ihr blasses Gesicht umfängt, fällt wild und ungebändigt über die Schultern
herab. Aus ihren großen dunklen Augen schaut sie uns an. Gebieterisch, fast hochmütig ist ihr Blick, aufrecht und selbstbewußt
ihre Haltung. Zu ihren Füßen wartet aufmerksam ihr kleiner
weißer Hund, geschmückt mit einer roten Schleife, die wie ein
grotesk-komisches Abbild ihrer eigenen wirkt, die die Herzogin
als Verzierung auf der Brust trägt. Ihre rechte Hand weist bestim-
mend nach unten. Hier steht in großen Lettern geschrieben:
»Der Herzogin von Alba Fr.co de Goya 1795«.

   Das Bildnis entstand in den Monaten nach dem Besuch der
Herzogin in Goyas Atelier, wie aus dem bereits zitierten Brief
Goyas an seinen Freund Zapater hervorgeht. María Teresa Cayetana war damals 33 Jahre alt. Sie lebte mit ihrem Gemahl Don
José im Palast de Buenavista, im Herzen Madrids. Don José Alvarez de Toledo besaß, im Gegensatz zu seiner Frau, ein eher ruhi-
ges Temperament. Er liebte die klassische Musik, schätzte Haydn
und spielte selbst Violine. So stellte ihn Goya in seinem Porträt,
das wohl als Pendant zum Bildnis der Herzogin in Weiß gedacht
war, auch dar. Der Herzog steht nicht, wie María Teresa Cayetana, in freier Landschaft, sondern in einem engem, undefinierten
Innenraum, an sein Klavichord gelehnt (Abb. Seite 31). Obenauf
liegt versteckt, in das Bilddunkel gerückt, seine Geige. In den
Händen hält er ein Werk Haydns. Goya komponierte die beiden
Bildnisse derart subtil, daß in Blick und Körperhaltung der Darge-
stellten die Unterschiedlichkeit ihrer beider Wesen glänzend zum
Ausdruck kommt: Selbstbewußtsein, Stolz und Hochmut im Gegensatz zu Sanftmut, Sinnlichkeit und Melancholie.

   Im Jahr 1795, als die beiden Bildnisse entstanden, waren die
Herzöge von Alba bereits zwanzig Jahre verheiratet. Man schätzte sich, ging aber getrennte Wege, wie es zu jener Zeit durchaus
üblich war, da der Bund fürs Leben nur selten aus Liebe geschlossen wurde. Die Ehe war eine Zweckgemeinschaft mit Rechten
und Pflichten, die von den gesellschaftlichen Konventionen bestimmt wurden. Doch die zur damaligen Zeit wohl wichtigste

*Herzogin von Alba
in Weiß*, 1795,
Öl auf Leinwand,
194 × 130 cm,
Madrid,
Col. Duque de Alba

eheliche Aufgabe konnten die Herzöge von Alba nicht erfüllen. Sie blieben kinderlos. Die Pflicht, dem Haus Alba einen Erben zu schenken, lastete als XIII. Herzogin von Alba schon früh auf den Schultern María Teresa Cayetanas, denn nach dem frühen Tod ihres Vaters war es sicher, daß sie als sein einziges Kind den Titel Herzogin von Alba, der schon seit Generationen im Besitz der Familie Alvarez de Toledo war, von ihrem Großvater erben würde. Ein baldiger Nachwuchs war wohl insgeheim auch die Hoffnung des Großvaters Don Fernando, XII. Herzog von Alba, als er seine Enkelin im Alter von zwölf Jahren 1775 verheiratete. Doch diesen Wunsch konnte die junge Frau nicht erfüllen, worauf einige Psychologen des 20. Jahrhunderts rückblickend die Extrovertiertheit, Launenhaftigkeit und Infantilität der Herzogin zurückführen.

Trotz allem liebte María Teresa Cayetana Kinder über alles. Sie adoptierte sogar ein kleines schwarzes Mädchen mit dem Namen María de la Luz, das bei ihr im Palast de Buenavista lebte. Auf einer Zeichnung Goyas, die in den Jahren 1796/97 entstand, hält sie die Kleine zärtlich in ihren Armen. Auch Luis Berganza, der Sohn ihres Gutsverwalters, den sie liebevoll Luisito nannte,

Die Zofe mit Maria Luisa und Luis Berganza, um 1795, Öl auf Leinwand, 31 × 25 cm, Madrid, Sammlung Berganza de Martín

war ihr sehr ans Herz gewachsen, wie ein Brief von ihrer Hand beweist: »Geliebter und lieber Luisito meines Lebens«, schreibt sie, »Viel Freude hat mir dein Brief bereitet, und noch mehr die Gewissheit, daß du fleißig bist und versuchst, mir den Trost zu geben, ein guter Junge zu sein. Die Mädchen geben dir Botschaften und ich eine Umarmung aus vollem Herzen, mein geliebter Sohn«, unterzeichnet: »J. María Teresa de Sil-

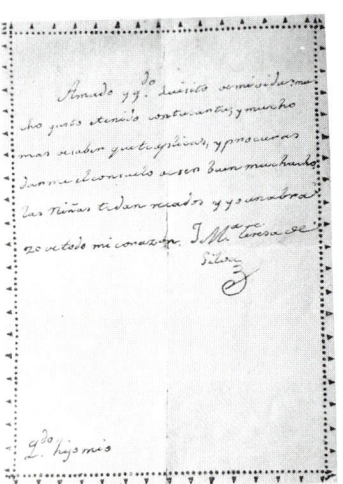

Brief der Herzogin von Alba an Luis Berganza, Privatbesitz

va«.[18] Auch den kleinen Luisito hielt Goya mit seinem Pinsel fest. Das kleinformatige Gemälde, das ebenfalls 1795, also gleichzeitig mit dem *Porträt der Herzogin von Alba in Weiß* entstand, zeigt Luisito und María de la Luz im Spiel mit einer älteren Frau. Sie ist wohl die Haushälterin Rafaela Luiza Velázquez, genannt la Beata, was soviel heißt wie die Laienschwester; wahrscheinlich erhielt sie den Spitznamen, weil sie soviel betete. Goya malte während jener Tage, als er im Palast der Albas aus- und einging, noch ein zweites kleines Bild, das uns heute nicht nur einen Eindruck vom Leben im Palast de Buenavista vermittelt, sondern auch von der Lebendigkeit der Herzogin: Dargestellt ist nämlich María Teresa Cayetana, die scheinbar auch selbst gern ihren Schabernack mit der Zofe trieb.

Dem wilden Temperament der Herzogin war der stille, zurückgezogene Don José nicht gewachsen. Diese Sorge teilte er mit vielen anderen spanischen Ehemännern am Ende des 18. Jahrhunderts, als die Frauen in Spanien begannen, sich aus den engen Fesseln gesellschaftlicher Normen zu befreien. Anstelle zurückgezogen im Schutze des Hauses zu leben, wie es jahrhunderte-

lang von ihnen gefordert wurde, traf man sich nun fast täglich zum Spazierengehen oder fuhr mit dem Wagen aus. Man zeigte sich in der Öffentlichkeit, mit dem neuen Kleid oder dem neuen ›cortejo‹, der zum Statussymbol der verheirateten Frau aus gehobenen Stand wurde. Auch das Plauderstündchen bei Freunden oder im eigenen Haus, die sogenannte tertulia, erfreute sich großer Beliebtheit. Dieser gesellschaftliche Akt wurde geradezu als revolutionär verstanden, denn im 17. Jahrhundert galten Haus und Familie als heiliger Ort, der keinem Fremden Einlaß gewährte. Die Damen der Aristokratie, allen voran die Herzogin von Alba, genossen die neuen Freiheiten der verheirateten Frau in vollen Zügen. Sie feierten Feste, frönten dem Luxus und dem Vergnügen, und dies alles ohne ihre Ehemänner, wie es zu jener Zeit selbstverständlich schien. So ging, wie ein Zeitgenosse berichtet, »die Frau zu dem einen Vergnügen und der Mann zu dem anderen«. Das gemeinsame Haus, so erfahren wir weiter, diente nur »zum Schlafen, Essen und Umziehen«.[19] Und »wenn ein Ehemann seine Autorität respektiert haben und Ordnung ins Haus bringen will«, schildert uns ein anderer zeitgenössischer Autor, »machte er sich allgemein lächerlich«.[20] Die Frauen ließen sich von ihrem Cortejo, der nicht weniger als der Ehemann der Laune seiner Angebeteten ausgesetzt war, ausführen und verwöhnen. Im gesellschaftlichen Leben im Spanien des späten 18. Jahrhunderts dominierten die Frauen, die Männer spielten eine eher untergeordnete Rolle, geradeso wie es auch das Königspaar Karl IV. und María Luisa dem Volk vorlebte. Auch Goyas Gemälde *El pelele* (Die Strohpuppe) aus der Serie der Kartons, die für die Tapisserien im königlichen Arbeitszimmer des El Escorial gedacht waren – sie blieben wegen Goyas schwerer Krankheit 1792/93 unvollendet – kann man als Anspielung auf die Hilflosigkeit des Mannes deuten, der im Spiel der Geschlechter der Willkür der Frauen ausgeliefert ist.

Das Leben im Palast der Alba entsprach demnach den Gepflogenheiten der Zeit. Der Herzog widmete sich der Musik, die Herzogin dem Vergnügen. María Teresa Cayetana liebte die Abwechslung. Sie feierte mit dem Hof, aber auch mit dem Volk. Diese Frau, von der Spanien sprach, lernte Goya im Sommer 1794 näher kennen. Und er hatte die Aufgabe, sie zu porträtieren.[21] Es entstand das *Porträt der Herzogin von Alba in Weiß*, das verräterisch das kapriziöse Wesen seines Modells widerspiegelt.

El pelele
(Die Strohpuppe),
1791/92,
Öl auf Leinwand,
267 × 160 cm,
Madrid, Prado

Das königliche Paar, Karl IV. und María Luisa, plante für die Wintermonate des Jahres 1796 eine Reise in das sonnige Andalusien, wahrscheinlich um der Kälte, die in Madrid zu dieser Jahreszeit meist herrscht, zu entfliehen. Auch der Herzog von Alba, Don José, hatte zu Beginn des Jahres beschlossen, Madrid zu verlassen. Am 23. Januar hatte er zum letzten Mal an einer offiziellen Sitzung teilgenommen. Nur wenige Tage später übertrug er seiner Gattin María Teresa Cayetana für die Dauer seiner Abwesenheit die Vollmacht über die Verwaltung und alle Belange des Hauses. Mit der Überzeugung, in Madrid alles Wichtige geregelt zu haben, reiste der Herzog nach Andalusien. Die Herzogin blieb, vielleicht um einer Begegnung mit der Königin aus dem Wege zu gehen, in Madrid zurück. Es sollte ein Abschied für immer sein.

De que mal morira? (An welchem Übel wird er sterben?) aus den *Caprichos*, Bl. 40, 1797/98, Radierung und Aquatinta, 21,7 × 15,1 cm

Mitte Februar trafen die Könige in Sevilla ein, wo sie der Herzog von Alba, so nimmt man heute an, erwartete. Am 29. Februar verließen Karl IV. und María Luisa wieder die Stadt, wahrscheinlich in Begleitung des Herzogs, um nach Cádiz weiterzureisen, das sie am 2. März erreichten. Der Aufenthalt des Königspaares in Andalusien dauerte nicht allzu lange, denn am 22. März war der ganze Hofstaat wieder in Aranjuez. Der Herzog von Alba kehrte jedoch nicht in die Hauptstadt zurück, sondern blieb in Andalusien, vielleicht um seine Gesundheit zu kräftigen.

María Teresa Cayetana dagegen verbrachte die Wintermonate in Madrid. Im April und Mai gab sie große Feste, sogar Theateraufführungen fanden im Palast de Buenavista statt, bei denen die Herzogin selbst kleine Rollen spielte. Aus Andalusien hörte man nichts Neues, bis zum 9. Juni, der Tag, an dem der Herzog von Alba im Alter von 39 Jahren in den frühen Morgenstunden in Sevilla starb. Bei der Einbalsamierung, die wegen der Hitze und »der Krankheit«, die die Ärzte in ihrem Protokoll nicht näher beschrieben, noch am gleichen Tag erfolgte, waren anwesend der Kaplan Ramón Cabrera und der oberste Gutsverwalter Tomás de Berganza. Der Name der Herzogin taucht in den Quellen nicht auf. Schon am folgenden Tag fand in der Kirche von San Isidoro del Campo, in Santiponce nahe Sevilla, die Beisetzung statt. Wer dem toten Herzog das letzte Geleit gab, wissen wir nicht. Auch ist bis heute ungeklärt, ob die Herzogin von Alba rechtzeitig in Sevilla eintraf, um ihren Gemahl (zumindest) in den letzten Stunden seines Lebens zu begleiten. Dies läßt jedenfalls eine Zeichnung Goyas vermuten, die eine Szene am Sterbebett eines Kranken wiedergibt.[22] Zwei Esel in Menschenkleidung sitzen am Bett eines jungen Mannes. Während der eine seine Hand hält, doziert der andere, ohne nur einen Blick auf den Patienten zu verschwen-

Brujas disfrazadas en físicos comunes, Vorzeichnung für *De que mal morira?* Feder und Sepia, 24,2 × 18,3 cm, 1797/98, Prado, Madrid

den, aus einem Buch, das wohl ein Sammelsurium aller ärztlichen Weisheiten darstellt. Doch das erschrockene Gesicht der jungen Frau, das zwischen den beiden Körpern hervorlugt, gibt uns zu verstehen, daß der Kranke im Begriff ist zu sterben. *An welchem Übel wird er sterben* (*De que mal morira?*) heißt auch ein Blatt aus Goyas ›Caprichos‹, einer Folge von 80 Radierungen, die im Februar 1799 erstmals veröffentlicht wurde. Auch hier liegt ein Mann, von Leid und Schmerzen gezeichnet, auf seinem Bett, begleitet von einem Esel, der mitleidsvoll seine Hand hält. Die Zeichnung wird meist als vorbereitende Studie zu dieser Radierung betrachtet. Doch in der endgültigen Fassung fehlt der zweite Esel und vor allem die junge Frau, die bei genauer Betrachtung der historischen Umstände vielleicht nicht nur zufällig eine große Ähnlichkeit mit der Herzogin von Alba aufweist. Spielt Goya hier womöglich bewußt auf jene Tage Anfang Juni 1796 an, als der Herzog von Alba totkrank in Sevilla darniederlag, umgeben von seiner Frau und zwei Scharlatanen, die sein Leben nicht retten konnten? Der Hausarzt der Herzöge von Alba, Jaime Bonells, war vermutlich nicht anwesend, aber wohl, so könnte man aus Goyas Zeichnung schließen, María Teresa Cayetana, die sich der Allmacht der beiden Esel-Ärzte nicht erwehren konnte. Trugen sie vielleicht sogar die Schuld am frühen Tod des Herzogs von Alba? Wenn die Zeichnung tatsächlich als konkrete Anspielung auf den Tod des Herzogs zu verstehen ist, woher wußte Goya von den Ereignissen in Sevilla?

Am 22. Juli 1796 schrieb der aragonesische Bildhauer Arali, ein Freund Goyas, einen Brief an Ceán Bermudez nach Sevilla. Aus dessen Inhalt geht hervor, daß sich Goya am 25. Mai, zwei Wochen vor dem Tod des Herzogs, tatsächlich in Sevilla oder in Sanlúcar de Barrameda aufhielt. Aber was machte Goya im Frühjahr 1796 in Andalusien? Er reiste, so viel steht fest, auch dieses Mal nicht in den sonnigen Süden, weil er sich unsterblich in die Herzogin von Alba verliebt hatte, wie es die Legende kolportiert, denn die Herzogin von Alba war zu dieser Zeit noch in Madrid. Denkbar wäre jedoch, daß er die Reise nach Sevilla unternahm, um vor Ort die drei großen Gemälde für die Kirche de Santa Cueva zu malen, an deren Ausführung ihn seine schwere Erkrankung beim letzten Aufenthalt 1792/93 gehindert

Junge Frau richtet ihr Haar (Album von Sanlúcar), 1796/97, Pinsel und Tusche, laviert, 17,1 × 10,1 cm, Paris, Privatbesitz

Herzogin von Alba mit
María de la Luz
(Album von Sanlúcar),
1796/97,
Pinsel und Tusche,
laviert,
10,6 × 9,2 cm,
Prado, Madrid

hatte. Möglicherweise fuhr Goya sogar schon zu Beginn des Jahres nach Andalusien und zwar zusammen mit dem Herzog von Alba und dem Königspaar, dem er als Hofmaler verpflichtet war. Ein offizielles Dokument bestätigt uns jedenfalls, daß er während

Herzogin von Alba
rauft sich die Haare
(Album von Sanlúcar),
1796/97,
Pinsel und Tusche,
laviert,
17,1 × 10,1 cm,
Madrid,
Biblioteca Nacional

»des ganzen Jahres 1796 abwesend und in Sevilla war«.[23] Goya
stand während dieser Zeit vermutlich auch mit dem Herzog von
Alba in Kontakt, denn warum sonst hätte er nach Sanlúcar de
Barrameda reisen sollen, wie es der Freund Arali in seinem Brief
erwähnte. Der Gedanke liegt nahe, daß Goya den sterbenden
Herzog, den er noch im Jahr zuvor porträtiert hatte, an seinem
Krankenlager aufsuchte, wo er, wie uns die Zeichnung zu ver-
stehen gibt, der Herzogin von Alba begegnete.

Die gemeinsamen Tage
in Sanlúcar de Barrameda

Unbeobachtet glaubt sich die Herzogin von Alba, als sie liebevoll die kleine María de la Luz in ihren Armen hält, oder, als sie, hoch erhobenen Hauptes, mit expressiver Gebärde ihre Haare rauft. Auch die junge Frau, die im Begriff ist, ihre Haare zu richten, fühlt sich offenbar nicht gestört, ebenso wie jene andere, die, im Bett liegend, von einer älteren Frau gepflegt wird. Von solch privater Alltäglichkeit berichten die sechzehn Zeichnungen von Goyas Hand, die heute allgemein als ›Album von Sanlúcar‹ bezeichnet werden. Auch die fünf Kopien, die wahrscheinlich Valentín Carderera, einer der ersten Goya-Biographen, nach den verlorengegangenen Originalen fertigte, zählen dazu. Die insgesamt 21 Darstellungen, beidseitig mit dem Pinsel auf kleinformatige Skizzenblätter gemalt, sind aus heutiger Sicht der einzige Beweis für die legendäre Begegnung zwischen Goya und der Herzogin von Alba in ihrem Palast in Sanlúcar de Barrameda. Sie sind wie ein Tagebuch, das nicht mit Worten, sondern in der Sprache der Malerei von Ereignissen und Beobachtungen erzählt, die seinen Autor bewegten. Doch wann bot sich Goya die Gelegenheit, María Teresa Cayetana und die anderen jungen Frauen in solch privater Atmosphäre zu erleben?

Junge Frau wäscht sich an einem Brunnen (Album von Sanlúcar), 1797, Pinsel und Tusche, laviert, 17,1 × 10,1 cm, Madrid, Biblioteca Nacional

»Francisco war wunschlos glücklich. Als er gestern angekommen war, spät am Nachmittag, war sie herausgelaufen, ihn zu begrüßen, sie hatte höchst undamenhaft ihre Freude gezeigt und ihn in Gegenwart des Mayordomos umarmt. Dann, während er badete und sich umzog, hatte sie durch die offene Tür mit ihm geschwatzt. Während der ganzen Reise hatte er befürchtet, er werde in Sanlúcar Gäste vorfinden [...]. Aber niemand war aufgetaucht«, so schildert Lion Feuchtwanger Goyas Ankunft im Palast von Sanlúcar.[24] Ob die Begrüßung wirklich so romantisch war, wissen wir natürlich nicht. Auch ist es unwahrscheinlich, daß die Herzogin von Alba diese Tage alleine in Sanlúcar verbrachte. Goya gehörte

jedenfalls, ganz gleich wer während jener Sommertage im Palast der Herzogin anwesend war, zu den gern gesehenen Gästen, da ihm Einblick in die privaten Dinge des Hauses gewährt wurde, wie die Zeichnungen uns verraten. Doch war Goya wirklich der Liebhaber der Alba, wie Feuchtwanger die Geschichte weitererzählt? Die zwei nackten jungen Mädchen, die sich rücklinks gegenüber sitzen, die auf einem Bett ruhende junge Frau oder die schöne Unbekannte, die sich am Brunnen wäscht, berichten jedenfalls von einer unbeschwerten und sehr intimen Atmosphäre während jener Tage in Sanlúcar.

Häufig wurde schon die Frage gestellt, ob eine Liebesbeziehung zwischen Goya und der Herzogin von Alba aufgrund ihrer Standesunterschiede überhaupt möglich gewesen wäre. Die Sitten waren streng und gerade der spanische Adel war über Jahrhunderte sehr auf die Etikette bedacht. Doch am Ende des 18. Jahrhunderts herrschten unter der Regentschaft von María Luisa auch in Spanien andere Bräuche, vor allem bei Hof, wie uns ein englischer Reisender in seinem Bericht über die Ankunft des Hofstaates in Aranjuez im Jahr 1795 bestätigt: »Man erwartete die Ankunft des Hofes für den 6. Januar und [...] mit dem Hof kam im Geleit auch das gewohnte Vergnügen. Massen an Spielern und Dirnen in jedem Alter, aus jeder Klasse und Sorte. [...] Es regierte die absolute Freiheit in Sitte und Benehmen.«[25] Sogar die Königin von Spanien scheute sich nicht, ihre Liebesbeziehung zu einem jun-

Francesco Battaglioli,
*Der Palast von
Aranjuez*, 1756,
Öl auf Leinwand,
68 × 112 cm,
Madrid, Prado

gen Kadetten öffentlich zu machen, indem sie ihn zum Herzog von La Alcudia ernannte, um ihn schließlich durch Heirat mit einer spanischen Prinzessin zu einem Infanten von Spanien zu küren. Auch die Herzogin von Alba, die ohnehin keine Standesvorurteile kannte, hätte sich demnach durchaus auf eine Liebesaffäre mit dem königlichen Hofmaler einlassen können, ohne gegen die Etikette zu verstoßen. In dieser Hinsicht standen sich die beiden Frauen, so zumindest kolportieren es die Zeitgenossen, in nichts nach. Angesichts der lockeren Sitten am spanischen Hof scheint weniger die Tatsache einer Liebesaffäre irritierend als der Zeitpunkt, zu dem sie der Überlieferung nach stattfand, nämlich wenige Wochen nach dem Tod des Herzogs von Alba.

Es kommt für ein intimes Treffen jedoch noch ein anderer Zeitpunkt in Frage. María Teresa Cayetana kehrte nach den offiziellen Trauerfeierlichkeiten in der Hauptstadt am 4. und 5. September 1796 nach Andalusien zurück, um in Sanlúcar die Trauerzeit zu verbringen. Dies wissen wir von dem Priester Aria de Arjona, der ein Sonett mit der Widmung schrieb: »Für eine Frau, die, frisch verwitwet, nach Sanlúcar de Barrameda ging, um dort zu trauern.«[26] Leider vergaß der Geistliche sein Gedicht zu datieren. So wissen wir nicht, wann die Herzogin mit ihrem Gefolge gen Andalusien zog. Am 16. Februar 1797 jedenfalls unterzeichnete sie in Sanlúcar ihr Testament. Goya blieb in Andalusien. Seine Anwesenheit in Madrid ist erst wieder für Anfang April 1797 bezeugt, als er die Königliche Akademie von San Fernando schriftlich ersuchte, ihn wegen seiner völligen Taubheit von den Pflichten als Leiter der Malklasse zu entbinden. Die Akademie erhielt Goyas Schreiben am 4. April.[27] Mit anderen Worten: Das legendäre Treffen zwischen Goya und der Herzogin von Alba in Sanlúcar de Barrameda könnte auch irgendwann zwischen Mitte September 1796 und Ende März 1797 stattgefunden haben.

Weder Briefe noch andere Dokumente geben uns Aufschluß, wo Goya jene Herbst- und Wintermonate verbrachte. Nur im Testament der Herzogin findet man einen versteckten Hinweis auf eine gemeinsame Zeit.

Javier Goya,
1805/06,
Öl auf Kupfer,
8,1 cm Durchmesser,
Paris, Privatbesitz

Am 16. Februar 1797 schrieb die Herzogin von Alba in Sanlúcar de Barrameda ihr Testament. Wahrscheinlich hatten weder Krankheit noch schlimme Vorahnungen sie dazu bewegt, sondern die Sorge um den Besitz und die Zukunft des Hauses Alba, dessen Verwaltung nach dem Tod ihres Mannes nun ganz allein in ihren Händen lag. Der Wortlaut ihres Testamentes gibt uns heute Einblick, wie die junge Witwe gedacht und gefühlt haben muß, als sie abseits von der Hauptstadt in der Einsamkeit der ländlichen Umgebung von Sanlúcar ihren letzten Willen formulierte: »Ich setzte als Erben meines ganzen Vermögens«, so beginnt ihr Testament, »das mir von nun an gehört oder gehören wird, zu gleichen Teilen ein Don Carlos Pignatelli, D. Ramón Cabrera, D. Jayme Bonells, D. Francisco Durán, D. Tomás de Berganza, D. Antonio Bargas und D.a Catalina Barajas.«[28] Es sind keine Herzöge, Grafen oder Verwandte, die María Teresa Cayetana als Erben ihrer unvorstellbaren Reichtümer benannte, sondern ausschließlich Personen ihres Vertrauens, die ihr nahe standen, die sie schätzte und liebte. An erster Stelle steht ihr Stiefbruder Carlos, der jüngste Sohn des Grafen von Fuentes, mit dem sie seit ihrer Jugend eine enge Freundschaft verband. Ferner werden die beiden Ärzte Bonells und Durán bedacht, der eine war der Leibarzt der Albas, der andere der Hofarzt der königlichen Familie. Auch der Verwalter des Hauses Alba, Tomás de Berganza, wird als einer der Haupterben genannt. Er gab dem Herzog das letzte Geleit, und er begleitete später die Herzogin nach Sanlúcar. Zum Schluß folgt an siebter Stelle der Name ihrer Zofe Catalina Barjas, über die nur wenig bekannt ist. Sie war wohl eine der engsten Vertrauten der Herzogin, auch während ihrer Trauerzeit in Andalusien. Doch damit nicht genug, auch alle Kinder und Bedürftige aus dem Umkreis der Herzogin werden in ihrem Testament namentlich berücksichtigt: María de la Luz, ihr kleines schwarzes Pflegekind, das Goya im Album von Sanlúcar verewigte; Luisito de Berganza, der Sohn des Verwalters, der auf dem kleinen Gemälde von 1795 zu sehen ist; die drei Kinder ihrer Zofe Catalina sowie die vier Kinder der beiden Ärzte und der älteste Sohn des Antonio Bargas; die Mägde, die sie auf der Reise nach Andalusien begleiteten, aber auch jene, die ihr sonst immer treu zu Diensten waren; Beni-

Selbstbildnis,
um 1795–1797,
Tusche, laviert,
23,3 × 14,4 cm,
New York, Metropo-
litan Museum of Art

to, der kleine Hofnarr der Alba; Pepito, ein Findelkind, das immer
zum Essen ins Haus kam; Trinidad, das Kindermädchen der kleinen María de la Luz, sowie die ärmeren unter ihren Vasallen. Alle,
die María Teresa Cayetana zu Lebzeiten etwas bedeuteten und
für die sie sich verantwortlich fühlte, wollte sie auch nach ihrem
Tod existentiell abgesichert wissen. An letzter Stelle wird auch
der Sohn des »D. Francisco Goya« genannt. Ihm sollte eine
Leibrente von »10 reales« täglich bis zu seinem Lebensende ge-
zahlt werden. Wir wissen nicht, ob die Herzogin dem damals
zwölfjährigen Javier Goya überhaupt jemals begegnete, oder ob
sie ihn nur aus Erzählungen seines Vaters kannte. Die Erwähnung
seines Namens ist möglicherweise nicht nur ein Beweis ihrer
großen Kinderliebe, sondern auch ihrer Zuneigung zu Goya.
Diese Stelle in ihrem Testament ist der einzige Hinweis auf eine
emotionale Bindung der Herzogin zu Goya. Kein Brief, keine
Notiz von ihrer Hand gibt uns sonst Auskunft, wie sie, María Teresa Cayetana, XIII. Herzogin von Alba, Goya sah. Er dagegen
hinterließ uns ein gemaltes Liebesbekenntnis.

»Nur Goya« – Das Porträt
der Herzogin von Alba in Schwarz

Erhobenen Hauptes steht sie da, die Herzogin von Alba, am Ufer eines Flusses mitten in einer unbekannten andalusischen Landschaft. Sie schaut uns offen und selbstbewußt an, doch ihr Blick ist nicht mehr so kühl und stolz wie in jenem Porträt in Weiß, das Goya zwei Jahre zuvor in Madrid von ihr malte. Die großen dunklen Augen, von den schwarzen dichten Augenbrauen umfangen, wirken sinnlich-melancholisch. Sie ist, wie es sich für eine Witwe ziemt, in Schwarz gekleidet, aber ihre Tracht ist nicht nur passend für eine Witwe, sondern gleichermaßen auch für eine Maja, wie uns die goldfarbene Bluse unter dem schwarzen Schleier, das rote Tuch um der Taille und die goldenen Brokatschuhe signalisieren. Verräterisch ist auch der schwarze Fleck an ihrer rechten Schläfe. Es ist ein Schönheitspflaster, das dem Kenner zu verstehen gibt, was die Trägerin bewegt: Leidenschaft. Herausfordernd hält sie den linken Arm in die Taille gestützt, den rechten brüsk nach unten gerichtet. Nichts außer der Farbe Schwarz scheint an das Leid und die Trauer der vergangenen Monate zu erinnern. Aufschlußreich sind auch die zwei Ringe an ihrer rechten Hand: Der große ovale an ihrem Mittelfinger trägt den Namen Alba, der schmalere am Zeigefinger den Namen Goya. Zu ihren Füßen steht in großen Lettern in den Sand geschrieben: »Solo Goya« (Nur Goya), worauf ihr ausgestreckter Zeigefinger geradezu gebieterisch hinweist. Doch der Schriftzug steht auf dem Kopf, so als wäre seine Aussage nur für die Augen der Herzogin bestimmt. Wem legte Goya diese Worte in den Mund, die so offen die Ausschließlichkeit dieser Liebe bekunden? War es die Alba, die die Worte in den Sand von Andalusien schrieb? Oder war es Goya?

Herzogin von Alba in Schwarz, 1797, Öl auf Leinwand, 210,2 × 149,3 cm, New York, Hispanic Society

Das Gemälde ist im Jahr 1797 entstanden, soviel sagt uns die Datierung am unteren linken Rand, die, im Gegensatz zur Schrift, in Richtung des Betrachters ausgerichtet ist und sich so deutlich von der Wahrnehmungsebene der Liebesbotschaft distanziert. Goya malte das Bildnis der Herzogin in Schwarz entweder in den ersten drei Monaten des Jahres 1797 in Andalusien, oder er begann es irgendwann zwischen Januar und März, um es dann nach seiner Rückkehr Anfang April im Madrider Atelier zu vollenden. Hatte María Teresa Cayetana Goya beauftragt, sie in der Tracht der Maja während ihrer Trauerzeit im sonnigen Andalusien zu malen? Wer bestimmte jene verräterischen Details der Komposition, wie den Ring mit dem eingravierten Namen Goya? Angesichts der kompromittierenden Aussage des Bildes ist man geneigt zu glauben, daß die Herzogin die endgültige Fassung ihres Porträts gar nicht kannte. Denn würde sich eine Witwe, deren Ehemann noch nicht ein Jahr tot war, mit dem Namenszug eines anderen Mannes an der Hand so darstelllen lassen, daß ihr Bildnis zu einem offenen Liebesbekenntnis wird? Vielleicht hatte Goya das Porträt in den letzten gemeinsamen Tagen in Andalusien nur begonnen, um es später in der Stille und Abgeschiedenheit seines Madrider Ateliers zu vollenden. Wahrscheinlich fügte er erst hier jene Accessoires hinzu, die so eindeutig die Liebe zwischen Goya und María Teresa Cayetana dokumentieren. Das Bildnis befand sich jedenfalls noch 1812 im Besitz Goyas. Es wird im Inventar, das anläßlich des Todes seiner Frau erstellt wurde, als ›Bildnis der Alba‹ unter der Nummer 14 aufgeführt. Man kann vermuten, daß das Porträt nach seiner Vollendung nie das Atelier des Malers verlassen hatte. Oder wurde es Goya zurückgegeben, nachdem die Liebe endgültig vorbei war? Alles Fragen, die bis heute offen sind und die, wenn keine weiteren Quellen gefunden werden, wohl nie schlüssig beantwortet werden können. Die Liebe Goyas zur Herzogin von Alba jedenfalls scheint bewiesen, zumindest seit den fünfziger Jahren unseres Jahrhunderts, als bei der Restaurierung des Gemäldes das Wort ›Solo‹ wieder zum Vorschein kam. Die Pigmentanalyse ergab, daß die Retusche in die gleiche Zeit wie die Entstehung des Gemäldes zu datieren ist. Dies bedeutet, daß Goya selbst oder ein Zeitgenosse das verräterische Wort ›Nur‹ nachträglich übermalt haben muß. Vielleicht wollte Goya kurz nach der Vollendung des Porträts sein gemaltes Liebesgeständnis zurücknehmen; vielleicht traute er intuitiv der Liebe zu jener Frau nicht mehr, die ihn für einige Monate seines Lebens in ihren Bann zog. Ganz gleich aus welchem Grund das Wort nachträglich übermalt wurde, die beiden Ringe an María Teresa Cayetanas Hand sprechen ihre eigene Sprache. Sie vereinen auf ewig die Namen ›Alba‹ und ›Goya‹.

Die nackte Maja und die bekleidete Maja

Eng verknüpft mit der Romanze zwischen Goya und der Herzogin von Alba sind zwei Gemälde Goyas, die zu den bekanntesten Werken der spanischen Malerei gehören: *Die nackte Maja* und *Die bekleidete Maja*. Auf einem mit seidenen Tüchern bedeckten Bett liegt eine junge Frau, die auf dem einen Bild gänzlich unbekleidet ist. Die Arme hinter dem Kopf verschränkt, schaut sie uns an. Ihr offener, direkter Blick unterstreicht die zur Schau gestellte Nacktheit ihres Körpers. Wer ist die junge Frau, die sich so gelassen und selbstbewußt in ihrer provozierenden Blöße dem Betrachter zeigt? Auch ihr Pendant, die bekleidete Maja, spielt nicht weniger geschickt mit den weiblichen Reizen. In der gleichen Pose liegt sie da, nur bekleidet, doch das dünne Tuch ihres weißen Kleides verrät nur zu genau die Konturen ihres Körpers. Ihr Blick ist ebenso wie ihre ganze Erscheinung auffordernd und erwartungsvoll. Wer ist sie? Und wer wagte ein solches Werk in Auftrag zu geben, zu einer Zeit, als in Spanien die Darstellung weiblicher Nacktheit nur unter dem Schleier der Mythologie, als Venus oder als Diana, vorstellbar war? Doch die Maja von Goya ist keine Göttin, sondern eine Frau aus Fleisch und Blut, deren Identität bis heute rätselhaft bleibt, wie auch der Auftraggeber der beiden fast identischen Gemälde.

Die bekleidete Maja, Ausschnitt aus Abb. Seite 54/55

So berühmt wie die beiden Majas heute sind, so dunkel ist ihre Geschichte, die erst seit dem Jahr 1800 bruchstückhaft dokumentiert ist. Die erste quellenkundliche Erwähnung der nackten Maja datiert in das Jahr 1800, als am 12. November der Medailleur González Sepúlveda die Gemäldesammlung Godoys in Madrid besuchte.[29] Nach seinen Beschreibungen hing »die Nackte von Goya«, wie er das Gemälde nannte, zusammen mit Venusdarstellungen in einem kleinen Kabinett. Die bekleidete Maja erwähnte der damalige Besucher jedoch nicht. Sie taucht in den Quellen erstmals im Januar 1808 auf, und zwar auch in der Sammlung Godoys, die kurz vor dessen politischem Sturz im März von dem französischen Maler Frédéric Quilliet inventarisiert wurde. Der Franzose glaubte, in der jungen Frau eine Zigeunerin zu erkennen, denn niemand sonst, so läßt uns Quilliet glauben, hätte es gewagt, sich nackt darstellen zu lassen. Die nächste Nachricht über die beiden Majas ist vom November 1814, als sie zusammen mit drei anderen »obszönen« Gemälden, wie es in den Akten heißt, der Inquisition übergeben wurden. Jetzt glaubten die Verantwortlichen nicht mehr eine Zigeunerin, sondern »eine nackte Frau« bzw. »eine Frau als Maja gekleidet« vor Augen zu haben. (Hier wird die Dargestellte zum ersten Mal als Maja bezeichnet.) Dies hatte im katholischen Spanien natürlich Folgen. Im März 1815 wurde Goya kurz vor seinem 69. Geburtstag vor das Tribunal der Inquisition geladen, um zu erklären »ob diese Bilder von seiner Hand sind, bei welcher Gelegenheit er sie gemalt hat, in wessen Auftrag und in welcher Absicht«.[30] Leider wissen wir nicht, wie das Verhör ausgegangen ist. Die einzige sichere Antwort, die wir heute auf die Fragen der Inquisition geben können, ist, daß Goya der Schöpfer der beiden Majas war. Doch wer gab ihm den Auftrag? Und wer stand ihm Modell?

Goyas nackte Maja war seit 1800 im Besitz Godoys. Einige Autoren nehmen daher auch an, daß er der Auftraggeber war. Als Modell könnte dem Maler Pepita Tudó gedient haben, die langjährige Geliebte Godoys, die ihm einige Kinder schenkte und die er später, nach dem Tod seiner Gattin, der Gräfin von Chinchón, auch heiratete. Ein gesichertes Porträt von Pepita Tudó, das diese

Vermutung bestätigen könnte, ist nicht bekannt. Dafür aber ein bezauberndes Bildnis von seiner jungen Ehefrau, die Goya 1800/01 malte. Sie gleicht der nackten Maja in keinster Weise. Doch ganz gleich ob Pepita Tudó oder ein Aktmodell Goya hier zu Diensten war, nur Godoy hatte, so argumentieren die Befürworter dieser These, in Spanien die Macht, ein solches Gemälde in Auftrag zu geben, ohne von der Inquisition behelligt zu werden. Doch am Ende des 18. Jahrhunderts gab es in Spanien neben Godoy noch andere wichtige Männer und Frauen, die ein solches Wagnis hät-

ten eingehen können und wollen. Zum Beispiel die Herzogin von Alba, die, wie bekannt, nur allzu gern mit jeglicher Konvention brach. Aber was hätte María Teresa Cayetana bewegen können, die nackte Maja bei Goya in Auftrag zu geben?

Goya malte die nackte Maja vor 1800. Stilanalytisch betrachtet, wird das Gemälde meist zwischen 1795 und 1800 datiert. Diese Jahre im Leben Goyas waren von der Begegnung mit der Herzogin von Alba geprägt. Es entstanden bis 1797 ihr *Porträt in Weiß*, die kleine Szene mit der Beata, das ›Album von Sanlúcar‹ und ihr

La maja vestida (Bekleidete Maja),
um 1798–1805, Öl auf Leinwand, 95 × 190 cm,
Madrid, Prado

Porträt in Schwarz. Während dieser Zeit hatte Goya mit Sicherheit auch Zugang zur großen Gemäldegalerie der Herzöge von Alba, die heute wie damals weltberühmte Gemälde beherbergte. Hier begegnete er auch der bekannten Venus von Velázquez, genannt *Rokeby Venus*, um 1650 entstanden, heute in der National Gallery in London. Dargestellt ist eine nackte junge Frau, die, den Kopf auf ihren rechten Arm gestützt, mit dem Rücken zum Betrachter auf einem Bett liegt. Nur der kleine Cupido zu ihrer Linken gibt uns zu verstehen, daß es Venus ist, die sich hier im Spiegel betrachtet. Velázquez schuf mit diesem Gemälde einen der aufregendsten Rückenakte der Kunstgeschichte. Auch Goya war offensichtlich von Velázquez' Venus fasziniert, wie eine Zeichnung aus dem sogenannten ›Madrider Album‹ beweist. Sie zeigt ein nacktes junges Mädchen von hinten, das sich, wie auch die Venus des Velázquez, im Spiegel betrachtet.

Könnte es nicht sein, daß Goya hier mit dem großen Velázquez, den er schon früh kopierte und den er an seinem Lebensende selbst als einen seiner Meister bezeichnete, in Konkurrenz treten wollte? Derartige Paragone sind viele aus der Kunstgeschichte bekannt. Auch Velázquez hatte sich einst an der Kunst Tizians gemessen. Vielleicht forderte sogar die Herzogin von Alba den anerkannten Hofmaler zu einem posthumen Wettstreit mit dem großen Velázquez heraus, indem sie ihm den Auftrag gab, auch eine Venus zu malen. Doch Goya griff nicht auf die bewährte Komposition des Velázquez zurück. Er versuchte etwas anderes und ging dabei einen Schritt weiter: Er entriß der jungen Frau den mythologischen Schleier und malte nichts weiter als einen weiblichen Akt.

Goya schuf mit der nackten Maja ein für seine Zeit und vor allem für Spanien revolutionäres Werk, das dem des Velázquez in nichts nachstand. Doch wer war Goyas Modell?

Schon in der Mitte des letzten Jahrhunderts glaubten einige Autoren, die Herzogin von Alba habe Goya als Modell gedient. Auch Baudelaire, der die Gemälde nur aus Reproduktionen kannte, sah in der schönen Dame die Aristokratin Alba. Was könnten Baudelaire und viele Autoren nach ihm veranlaßt haben, beim Anblick der nackten Maja an die Herzogin von Alba zu denken, trotz

Herzogin von Alba (?)
(Album von Sanlúcar), 1796/97,
Pinsel und Tusche, laviert,
17 × 9,7 cm, Madrid,
Biblioteca Nacional

*Zwei nackte junge Frauen auf
einem Bett* (Album von Sanlúcar),
1796/97, Pinsel und Tusche, laviert,
17,2 × 10,1 cm, Rom,
Clementi, verschollen

der fehlenden Ähnlichkeit? War es vielleicht die Sinnlichkeit der jungen Frau, die auch der Alba von ihren Zeitgenossen nachgesagt wurde?

Auch die Zeichnungen des ›Albums von Sanlúcar‹, während der gemeinsamen Tage in Andalusien entstanden, sind voll versteckter Erotik. Bei genauerer Betrachtung entdeckt man sogar gewisse Ähnlichkeiten, die vermuten lassen, daß Goya während der Zeit in Sanlúcar bereits, bewußt oder unbewußt, mit dem Gedanken spielte, eine solche Maja zu malen. Zum Beispiel die zwei nackten Mädchen auf dem Bett, die eine von vorne, die andere von hinten gesehen. Akt und Rückenakt, das gleiche dualistische Prinzip wie Goyas nackte Maja und Velázquez' Venus oder wie die nackte und die bekleidete Maja. Diese Dualität findet man ebenso bei einer Zeichnung, auf deren Vorderseite eine junge Frau im langen Kleid dargestellt ist, die meist für die Herzogin von Alba gehalten wird. Dreht man das Blatt um, erblickt man auf der Rückseite eine junge Dame mit hochgehobenem Rock, die dem Betrachter keck ihren Po entgegenstreckt. Goya konnte diese kleinen intimen Szenen als stiller Beobachter in einer freien und unbeschwerten Atmosphäre genießen, weit entfernt vom Madrider Alltag. Er sah die Alba, wie sie sich die Haare raufte, die junge Frau am Brunnen, die zwei Mädchen auf dem Bett. All diese Eindrücke, so kann man wohl vermuten, beflügelten den 50jährigen, von Taubheit geschlagenen Maler nicht minder als die Venus des Velázquez. Hier in Sanlúcar könnte Goya demnach die Idee für seine nackte Maja bekommen haben, die genau so frei und offen ihre Blöße zeigt, wie die Mädchen aus dem Album. Auch wäre denkbar, daß eine jener jungen Frauen aus dem Gefolge der Herzogin Goya Modell gesessen hatte. Doch eines ist auffallend: Goyas nackte Maja hat nicht diese kindlich-unschuldige Ausstrahlung wie die Mädchen im ›Album von Sanlúcar‹. Sie schaut wissend, verführerisch, offen und selbstbewußt, gerade so, wie man sich die moderne Frau am Ende des 18. Jahrhunderts in Spanien vorstellte. Ihr Blick ist

La maja desnuda (*Nackte Maja*),
um 1798–1800, Öl auf Leinwand,
97 × 190 cm, Madrid, Prado

nicht mehr nach unten gesenkt, wie es die Gesellschaft noch zu Beginn des Jahrhunderts von den Frauen erwartete. Und sie zeigt ihre Füße. Auch dieses Recht mußten sich die Frauen erst bitter erkämpfen. Im 17. Jahrhundert herrschte nämlich noch die unbequeme Mode des ›tontillo‹, eine Art Reifrock, den die Frauen über dem Unterkleid trugen. Er sollte vor allem beim Sitzen Füße und Beine verdecken. Der französische Gesandte Blécourt berichtet 1702, daß es Ehemänner gab, die ihre Frauen lieber tot gesehen hätten, bevor diese den Fuß zeigten.[31] Doch die neue Mode war nicht mehr aufzuhalten. Man zeigte Fuß, der schön beschuht im Laufe der Zeit zum erotischen Stilmittel der Frau wurde. Von der Herzogin von Alba weiß ein Zeitgenosse sogar zu erzählen, daß sie jeden Tag ein Paar neue Schuhe trug.[32]

Auch Goyas Maja verstand spielerisch und selbstbewußt mit den sinnlichen Reizen ihrer Weiblichkeit umzugehen. Sie ist eine ›Coqueta‹, eine Kokette, wie man im damaligen Spanien jene Frau bezeichnete, »der es im Großen und Ganzen gefällt, die Herzen von allen auf einmal zu erobern, ohne das eigene an jemanden zu verlieren.«[33] Die Vorstellung von der Liebe als Spiel bestimmte die Beziehung zwischen Mann und Frau. Man spielte gerne und nach festen Regeln, auch die Damen der hohen Gesellschaft, allen voran die Herzogin von Alba.

Goyas Maja ist, ganz gleich, wer sie auch gewesen sein mag, ein erotisches Sinnbild der modernen Frau in Spanien am Ende des 18. Jahrhunderts. Sie ist Aktmodell und Venus, Bildnis und Sinnbild zugleich. Aus diesem Grund ist sie gleichsam auch ein Porträt der Herzogin von Alba, die, wie keine andere Frau in ihrer Zeit, die Männerphantasien erregte. Auch die Geistlichkeit blieb davon nicht verschont. So verkörperte María Teresa Cayetana für den Sevillaner Priester Aria de Arjona »die neue Venus« von Spanien.

Wer Goya letztendlich nackt auf dem Kanapee Modell saß, bleibt ungeklärt. Das Gesicht der nackten Maja, wie die Röntgenaufnahmen von Kopf und Oberkörper zeigen, weist jedenfalls im Vergleich zu Haare

Paar mit Sonnenschirm
(Madrider Album),
1797,
Pinsel und Tusche,
laviert,
22,1 × 13,5 cm,
Hamburger Kunsthalle

*Alte Frau bettelt eine
Maja an*
(Madrider Abum),
1796/97
Pinsel und Tusche,
laviert,
23,4 × 14,5 cm,
Madrid,
Biblioteca Nacional

und Hals einen wesentlich dünneren Farbauftrag auf, so als hätte man die Gesichtszüge noch einmal ausgelöscht und nachträglich überarbeitet, um dem Antlitz die verräterische Ähnlichkeit zum lebenden Modell für immer zu nehmen.

Und was wissen wir von der bekleideten Maja? Sie wird, wegen des freieren Pinselstrichs und der anderen Farbenpalette, allgemein später datiert, meist zwischen 1800 und 1805, also bis zu zehn Jahren nach der nackten Maja. Der Medailleur Sepúlveda sah die nackte Maja im November 1800 in der Sammlung Godoys, die bekleidete erwähnte er in seinen Aufzeichnungen jedoch nicht. Es ist möglich, daß Godoy bei Goya nachträglich das bekleidete Gegenstück in Auftrag gab, um die Erotik des Gemäldes im Sinne eines Vorher-Nachher-Effekts spielerisch noch zu steigern. Aus dem späten 19. Jahrhundert datiert die Überlieferung, daß die beiden Gemälde einst mit einem Mechanismus verbunden waren, mit dessen Hilfe man auf Knopfdruck die bekleidete Maja verschwinden lassen konnte, um die nackte dem Blick des Betrachters freizugeben.

Diego Velázquez,
Rokeby Venus, um 1650,
Öl auf Leinwand,
123 × 177 cm,
London,
National Gallery

Wenn Godoy die bekleidete Maja tatsächlich in Auftrag gab, bedeutet dies jedoch noch lange nicht, daß er auch der Auftraggeber der nackten Maja war. Nach Sepúlveda war die berühmte Venus des Velázquez, die im November 1800 zusammen mit Goyas nackter Maja in Godoys kleinem Kabinett hing, ein Geschenk der Herzogin von Alba. Wahrscheinlich war es ein Beweis ihrer Liebe zu Godoy, mit dem sie irgendwann zwischen 1797 und 1800 eine Affäre hatte. Die spanische Königin reagierte auf diese Romanze ihres Cortejos noch im Jahr 1800 recht eifersüchtig. In einem Brief an Godoy bemerkte María Luisa über ihre Rivalin gehässig: »Sie sieht elend und abgemagert aus; ich glaube kaum, daß Dir das jetzt noch einmal widerfahren würde, und zudem glaube ich, daß Du es sehr bereust«.[34] Auch Godoy schien von der Alba tief in seiner Männerehre gekränkt worden zu sein, denn in einem Brief vom 9. September des gleichen Jahres an die Königin schrieb er: »Ich gebe den Brief der Alba zurück, sie und alle ihre Anhänger sollen in der Hölle begraben werden, basta«.[35] Die Affäre zwischen der Herzogin von Alba und Godoy war offensichtlich um 1800 bereits beendet. Während der Zeit ihrer Liebesbeziehung schenkte sie Godoy wahrscheinlich die Venus des Velázquez. Doch vielleicht war es nicht das einzige Geschenk? Auch die nackte Maja könnte so ihren Besitzer gewechselt haben, nachdem in den Augen der Herzogin die Erinnerungen an die gemeinsamen Tage mit Goya in Sanlúcar für immer der Vergangenheit angehörten.

Nackte Maja und
Bekleidete Maja

»Traum von Lüge und Wankelmut« – Die Enttäuschung

Die unbeschwerten Tage mit der Herzogin von Alba in Sanlúcar hatten für Goya nach seiner Rückkehr in die Hauptstadt wahrscheinlich bald ein Ende. Noch unter dem Eindruck der Erlebnisse im sonnigen Andalusien zeichnete er mit freiem Pinsel die ersten Blätter des sogenannten ›Madrider Album‹ (ca. 200 Zeichnungen), das, wie der Name schon sagt, größtenteils in Madrid entstanden ist. Zeigen diese ersten Zeichnungen noch das lebhaf-

Sueño/De la mentira y la ynconstancia (Traum von Lüge und Wankelmut), 1797–98, Feder, Sepia und Tusche, laviert, 23,7 × 16,6 cm, Madrid, Prado

te Treiben der Majas und Majos, streitende und flirtende Liebes-
paare, alte Kupplerinnen und tanzende junge Frauen, kündigt sich
in den folgenden Blättern schon bald eine andere, fremde und dü-
stere Welt an. Menschen mit Eselsköpfen, Hexen und Dämonen
tauchen auf, die von sarkastischen und spöttischen Kommentaren
ihres Schöpfers begleitet werden. Es sind die Vorboten jener
Welt des Irrationalen, die nach 1796 in Goyas Œuvre immer häufiger zu finden sind. Haben vielleicht tiefe Leidenschaft und ent-
täuschte Liebe diesen Wandel hervorgerufen?

Daß zwischen 1797 und 1798 in der Beziehung zwischen Goya
und der Herzogin von Alba etwas geschehen sein muß, können
wir aus einer Radierung und deren Vorzeichnung schließen, die

Goya in dieser Zeit für die ›Caprichos‹
entwarf. Hier begegnet man einer zwie-
gesichtigen Frau mit Schmetterlingsflü-
geln, die über dem Boden in weiter
Landschaft schwebt. Es ist die Herzogin
von Alba. Zu ihrer Rechten kniet Goya,
inbrünstig ihren Arm umschlingend.
Doch das zweite Gesicht der Geliebten
ist abgewendet und ihr Blick in die Ferne
gerichtet, wo aus dem Halbschatten eine
männliche Gestalt auftaucht. Der Gestus
des Mannes sagt uns, daß hier etwas Geheimes geschieht. Er weiß mehr als die
Beteiligten und macht uns zu seinem
Komplizen. Eine andere Frau mit zwei
Gesichtern legt die Hand des Fremden
in die Hand der Herzogin. Sie ist ihre
Dienerin, wie ihr unterwürfiger Blick
demonstriert. Doch ihre Zwiegesichtigkeit verrät sie als die Allegorie der Falschheit (Faus), wie sie Cesare Ripa in seiner ›Icono-
logia‹ bereits darstellte. Sie spinnt offenbar die Intrige einer
beginnenden Dreiecks-Beziehung, von der Goya im Arm der
Geliebten scheinbar noch nichts weiß. Dennoch quält ihn eine
bittere Vorahnung, wie uns der Untertitel des Blattes *Traum von
Lüge und Wankelmut* (Sueño de la mentira y la inconstancia) zu
verstehen gibt. In diesem Sinn sind auch Schlange und Frosch im
Vordergrund als Symbol für Lasterhaftigkeit und Begierde zu
sehen, die Schmetterlingsflügel der Herzogin stehen für Leicht-

fertigkeit und Unbesonnenheit. Die Maske ist ein Attribut der Falschheit und die Satteltasche, auf der sie liegt, wird mit dem spanischen Sprichwort »zu einer anderen Satteltasche überwechseln« (»pasarse a la otra alforja«) in Verbindung gebracht, was in diesem Zusammenhang wohl nichts anderes bedeutet, als sich die Freiheit zu nehmen, einen neuen Liebhaber zu wählen.[36] Die männliche Gestalt, die sich hier aus dem Dunkeln dem Liebespaar nähert, scheint der neue Liebhaber zu sein, der nur darauf wartet, Zwietracht und Eifersucht zwischen den Liebenden zu schüren. Möglicherweise hatte Goya sogar schon einen bestimmten Verehrer im Sinn, der seine Liebe zur Herzogin von Alba gefährden könnte. Vielleicht dachte er an Godoy, dessen Liebesbeziehung zur Alba irgendwann nach 1797 begann.

Der *Traum von Lüge und Wankelmut* ist ein beredtes Zeugnis für Goyas bittere Erkenntnis, daß jene Ausschließlichkeit, mit der er die Herzogin von Alba noch im Porträt von 1797 für sich beansprucht hatte, nur Illusion war. Der Grund, warum er diese Radierung, von der heute nur ein Abzug und die Vorzeichnung bekannt sind, nicht, wie geplant, in die Folge der ›Caprichos‹ aufnahm, mag an der Eindeutigkeit der Aussage liegen, die für die Augen der Öffentlichkeit zu persönlich war.

*Selbstbildnis
mit Zylinder,*
aus den *Caprichos,*
Bl. 1, 1797/98,
Radierung
und Aquatinta,
21,9 × 15,2 cm

»Weggeflogen« –
Erinnerung in den Caprichos

Am 6. Februar 1799 kündigte die Tageszeitung ›Diario de Madrid‹ auf der ersten Seite die Veröffentlichung der ›Caprichos‹ an: »eine Sammlung von Drucken launiger Themen, erfunden und radiert von Don Francisco Goya«, wie es gleich zu Beginn der Bekanntmachung heißt. »Weil der Autor«, so der Text weiter, »überzeugt ist, daß die Kritik menschlicher Irrtümer und Laster (obgleich der Redekunst und der Dichtung vorbehalten) auch Gegenstand der Malerei sein kann, hat er als angemessene Themen für seine Arbeit aus der Vielzahl der Extravaganzen und Torheiten, die jeder menschlichen Gesellschaft gemeinsam sind, und unter den vulgären Vorurteilen und Betrügereien, wie sie durch Gewohnheiten, Unwissenheit oder Eigennutz sanktioniert sind, jene ausgewählt, die er für besonders geeignet hielt, ihm Stoff für das Lächerliche zu liefern und gleichzeitig die künstlerische Phantasie anzuregen...«[37]

Goya verfaßte die Anzeige für die ›Caprichos‹ wahrscheinlich mit Hilfe des Dichters Moratín und des Kunstliteraten Ceán Bermúdez, mit denen er nach seiner Rückkehr aus Andalusien wieder in engem Kontakt stand. Wie schon in den ersten Sätzen deutlich wird, ist die Folge der ›Caprichos‹ (Launen) mit insgesamt 80 Blättern eine gewagte sozialkritische Satire auf die spanische Gesellschaft jener Zeit mit all ihren Schwächen, »Extravaganzen und Torheiten«. Auch die Herzogin von Alba blieb von Goyas entlarvendem Blick nicht verschont. Auf Blatt 61 der Folge fliegt sie mit weit ausgestreckten Armen, gestützt von drei zusammengekauerten Figuren, gen Himmel. Der schwarze Rock mit enggeschnürter Taille, die über der Brust gebundene Bluse und die schwarze Mantilla erinnern an das *Porträt in Schwarz*, das Goya 1797 von der Herzogin malte. Auf ihrem Kopf jedoch erkennt man anstelle der schmückenden Spange einen Schmetterling mit ausgebreiteten Flügeln, ähnlich wie im *Traum von Lüge und Wankelmut*. Was Goya mit dieser Darstellung ausdrücken wollte, erfahren wir ansatzweise aus dem beigefügten Kommentar (der sogenannte Prado-Kommentar), den er wahrscheinlich, so nimmt man heute an, selbst verfaßte: »Die Gruppe von Hexen, die der Dame als Unterbau dient, ist mehr Schmuck als Notwendigkeit. Es gibt

Volaverunt.

Volaverunt (Weggeflogen) aus den *Caprichos*, Bl. 61, 1797/98, Radierung und Aquatinta, 21,7 × 15,2 cm

Köpfe, die so voll entzündbaren Gases sind, daß sie zum Fliegen weder einen Ballon noch Hexen brauchen.« Goya vermeidet hier jede direkte Anspielung. »Die Dame« wird nur als ein hochexplosives Gemisch charakterisiert, womit ihr Wesen und Temperament gemeint sein könnte, die drei Gestalten zu ihren Füßen als Hexen, die nur unnützes Beiwerk sind. Im Gegensatz dazu äußern sich die zwei anderen uns heute leider unbekannten Kommentatoren aus seinem Umkreis wesentlich konkreter. Im sogenannten Ayala-Kommentar, benannt nach seinem ehemaligen Besitzer, die Familie Ayala, heißt es: »Die Herzogin von

Alba. Drei Toreros verdrehen ihr den Kopf«. Ähnliches kann man auch im dritten Kommentar zu dieser Radierung lesen, der sich heute im Besitz der Nationalbibliothek von Madrid befindet. Hier steht geschrieben: »Drei Toreros verdrehen der Herzogin von Alba den Kopf, so daß sie schließlich über ihrer Launenhaftigkeit den Verstand verliert.« Die Vorliebe der Herzogin für den Stierkampf – und auch für die Toreros – war allgemein bekannt. Die

drei Figuren, die die Alba auf ihrem Flug begleiten, werden daher häufig als Karikaturen dreier Toreros gesehen, die damals sehr bekannt waren. Doch schaut man sich die linke der drei Gestalten, die in der Vorzeichnung zur Radierung fehlt, etwas genauer an, so erinnern die breite Nase und die wulstigen Lippen mit dem vorgeschobenen Unterkiefer sehr an Goyas Selbstporträt in seinem Brief an den Freund Zapater, in dem er vom Besuch der Alba im Atelier berichtet.

Selbstporträt
Brief Goyas
an Zapater,
›London 2 August 1800‹
(1794), Prado, Madrid

Goya veröffentlichte die Radierung mit dem lateinischen Untertitel *Volaverunt* (Weggeflogen), was soviel bedeutet wie »aus und vorbei«. Diese Endgültigkeit kann sich wohl nur auf sein Verhältnis zur Herzogin von Alba beziehen, das bereits durch »Lüge und Wankelmut« zerstört war. Goya wollte demnach im Rahmen der ›Caprichos‹ nicht seine Liebe zur flatterhaften Herzogin öffentlich bekanntgeben, wie noch im *Traum von Lüge und Wankelmut*, sondern das Ende dieser Leidenschaft. Wenn man die dritte Gestalt zu Füßen der Herzogin als Selbstporträt Goyas deutet, geschah dies bereits unter dem Blickwinkel der Selbstironie. Die Romanze war vorbei.

Die davonfliegende Alba ist die einzige gesicherte Darstellung der Herzogin in den ›Caprichos‹. Beim Durchblättern der Folge hat man jedoch den Eindruck, als würde man dieser illustren Dame noch häufiger begegnen. Es ist der Typus der schlanken jungen Frau mit enggeschnürter Taille und langen schwarzen Haaren, der auf den ersten Blick die Erinnerung an die Herzogin von Alba weckt. Schon in den Zeichnungen von Sanlúcar, wo diese grazilen Wesen zum ersten Mal in Goyas Werk auftauchen, verwischen die Identitäten. Ist die Maja mit schwarzer Mantilla die Alba, eine Frau aus ihrem Gefolge oder ein Mädchen von der Straße? Offensichtlich prägte die Erscheinung der jungen Herzogin mit ihrer Wespentaille und den wallenden Haaren schon damals Goyas Frauenbild.

Maja auf dem Paseo
(Album von Sanlúcar),
1796/97,
Tusche, laviert,
10,6 × 8,9 cm,
Prado, Madrid

Schon in den Zeichnungen des ›Madrider Albums‹, wie später
auch in den ›Caprichos‹, haben die jungen schlanken Geschöpfe
jedoch nicht immer nur Gutes im Sinn. Man findet sie in der
Rolle der unschuldigen Schönen, die von einem Galan umworben

wird, als kokette Verführerin, die sich ihrer erotischen Reize vollends bewußt ist, und als Maja mit der alten Kupplerin an der Seite. Goya entwirft hier ein ironisch-kritisches Kompendium von Frauenbildern einer am Ende des 18. Jahrhunderts aus allen Fugen geratenen Gesellschaft. War nicht gerade die Herzogin von Alba eine Frau ihrer Zeit, die all diese Eigenschaften in sich vereinte: Eine schöne Maja, wie er sie uns im Porträt von 1797 vor Augen führt, auch eine verführerische Femme fatale, wie die Zeitgenossen sie sahen, und zudem offen für die Liebe, wie im *Traum von Lüge und Wankelmut* gezeigt. Goya hatte die Chance, diese breite Palette weiblichen Temperaments – in einer Frau vereint – kennenzulernen, mit allen Freuden und Leiden. Aber er hatte auch die Kraft, seine Erfahrungen aus dem eigenen Leiden herauszuheben, und sie, mit Sarkasmus und Ironie versetzt, als Quelle für sein künstlerisches Schaffen zu nutzen. Daher scheint uns die Alba in den ›Caprichos‹ immer wieder zu begegnen.

Bei der Komposition eines anderen Blattes aus den ›Caprichos‹ mag Goya ebenfalls aus dem Fundus seiner jüngsten Leidenschaft geschöpft haben. Ein vogelähnliches Wesen mit Frauenkopf betört die heranfliegenden Vogel-Männer, die, ihr erst einmal verfallen, stürzen, um dann von zwei am Boden sitzenden Frauen unter der Anweisung einer alter Kupplerin hingebungsvoll gerupft zu werden. Der Mann ist hier nicht nur das Opfer der weiblichen Verführungskunst, sondern auch das Opfer seiner sexuellen Triebhaftigkeit, wie die quälerischen Praktiken der zwei jungen Frauen verdeutlichen. Doch mit dem Untertitel der Radierung *Alle werden fallen* (Todos caerán) ist wohl auch die Vogel-Frau gemeint, die hoch oben auf dem Wipfel des Baumes, auf einem Rad balancierend, thront. Ist dies ein sarkastischer Fingerzeig des enttäuschten aber zugleich selbstkritischen Goyas auf die hohen Hauptes davonfliegende Herzogin von Alba, die wie alle anderen, auch einmal fallen wird?

Todos caerán

Todos caerán (Alle werden fallen) aus den *Caprichos*, Bl. 26, 1797/98, Radierung und Aquatinta, 21,9 × 14,5 cm

Am 24. Juli des Jahres 1802 konnte man in der ›Gazeta de Madrid‹ die folgenden Zeilen lesen:

»Die vielen und empfehlenswerten Geistesgaben, die Ihre Excellenz auszeichneten, vor allem die Sanftmut und die Güte ihres Wesens, ihr edelmütiger Großmut und die Nächstenliebe mit der sie inbrünstig an jeglichen Nöten teilnahm, sobald sie ihr zu Gehör kamen – sie beschützte Witwen, half Kranken, unterrichtete hilflose Kinder, unterstützte rechtschaffene Waisen auf ihrem Lebensweg und verteilte ohne Unterlaß große Summen an ihre Bediensteten, die sie wie ihre Mutter liebten – führten dazu, daß ihr Tod für alle sehr schmerzhaft ist«.[38]

Es ist der Nachruf auf die am Tag zuvor verstorbene Herzogin von Alba, der die Öffentlichkeit an jenem Morgen überraschte. Doch im engeren Kreis wußte man schon seit längerem, wie es in den letzten Wochen um den Gesundheitszustand der Herzogin bestellt gewesen war.

Am 30. Juni hatte die Gräfin von Montijo in einem Brief an den Dichter Meléndez Valdés geschrieben: »Die arme Herzogin von Alba, [...] ist im Begriff zu sterben. Am Samstagnachmittag hatte sie einen Anfall, von dem sie sich gestern wieder erholte und es gab Anlaß zur Hoffnung, aber heute geht es ihr schlechter als gestern. Ihrer Sinne und ihres Bewußtseins beraubt, konnte sie bisher noch nicht die Sakramente empfangen..«.[39] Die Tochter der Gräfin von Montijo, Tomasita Palafox, Markgräfin von Villafranca und Schwägerin der Alba, hatte am Bett der Totkranken gewacht. Am 7. Juli, so berichtete die Gräfin in einem anderen Brief, schien sich ihr Gesundheitszustand gebessert zu haben, »aber sie hat weder die Sinne noch das Bewußtsein wiedererlangt«.[40] Nur die Bäder konnten den zitternden Körper beruhigen. Nach fünf Wochen Todeskampf starb María Teresa Cayetana de Silva, XIII. Herzogin von Alba, im Alter von knapp vierzig Jahren in ihrem Haus in der Calle del Barquillo. Im Totenschein, am 25. Juli von ihrem Leibarzt Jaime Bonells ausgestellt, steht geschrieben: »Ich bescheinige, daß Ihre Exzellenz María Teresa de Silva, Herzogin von Alba, gestern mittag um 12 Uhr 40 an einer Kolik verstorben ist.«[41] Am Abend des 26. Juli fand die Beisetzung in aller Stille, wie sie

Mariano González de Sepúlveda, *Herzogin von Alba*, 1795, Zeichnung, Sammlung Markgrafen von Argüeso

es in ihrem Testament gewünscht hatte, in der Kirche des Konvents der Padres del Salvador statt.

Kaum war die Nachricht vom Tod der Herzogin von Alba in der Hauptstadt bekannt geworden, kamen auch schon zahlreiche Gerüchte auf. Die Herzogin wäre vergiftet worden, hieß es. Die Schuldigen, so glaubte das Volk, müßten im Umkreis der Königin und ihres Günstlings Godoy gesucht werden. Hingegen war man bei Hofe überzeugt, daß die Bediensteten der Herzogin deren plötzlichen Tod herbeigeführt hätten, da ihre Herrin sie im Testament so reichlich bedacht hatte.

Um die Gerüchte über den Tod der Alba aus der Welt zu schaffen, beauftragte Karl IV. am 30. Juli seinen Premierminister Manuel Godoy in einem Brief mit der Untersuchung des Falls.[42] In diesem Schreiben bringt der König auch sein Mißtrauen gegenüber jenen Personen zum Ausdruck, die María Teresa Cayetana während ihrer Krankheit und in ihrer Sterbestunde begleiteten. In den Augen Karls IV. standen vor allem ihre Bediensteten unter Verdacht. Leider ist uns kein Dokument über das Ergebnis dieser Ermittlungen bekannt, die letztlich wohl nur die Intrigen am Hof ans Licht befördert hätten. Doch Karl IV. und María Luisa zeigten nicht nur ein Interesse an der Aufklärung der Umstände, die zum Tode der Herzogin führten, sondern auch an deren Hinterlassenschaften, vor allem an den Perlen und Brillanten. Schon zwei Tage nach dem Tod der Herzogin ließ das Königspaar den Testamentsvollstrecker José Navarro Vidal wissen, daß sie den Schmuck der Verstorbenen zu sehen wünschten. Am 29. wurden die ausgewählten Stücke geschätzt und bereits am 1. August befand sich ein beachtlicher Teil der Alba-Juwelen im Besitz der Königin, den sie zum »amtlichen Schätzpreis« erworben hatte. Wohl schneller als gedacht, konnte sich María Luisa mit den Pretiosen der Rivalin schmücken. Auch Godoy kam nicht zu kurz. Ihm wurde von der Stadt Madrid der Palast de Buenavista zur Verfügung gestellt. Am 6. August fand schließlich die Testamentseröffnung im Beisein der Erben statt. Da die Herzöge von Alba kinderlos blieben, fiel der Titel an den Enkel ihrer Großtante, der damals gerade acht Jahre alt war. Ihre Reichtümer und Güter wurden unter den sieben im Testament genannten Haupterben aufgeteilt. Doch die Verteilung des Erbes war nach dreißig Jahren als Carlos Pignatelli, Sohn des Grafen von Fuentes und Stiefbruder der Alba, am 24. November 1832 in Paris starb, noch immer nicht abgeschlossen.

Das Gerücht vom unnatürlichen Tod der Alba beschäftigte die Gemüter noch bis in unser Jahrhundert. Auch ein Nachfahre der illustren Herzogin konnte sich dem Mythos nicht entziehen. Am 17. November 1945 ließ der damalige Herzog von Alba die Gebeine von María Teresa Cayetana exhumieren. Die Autopsie ergab, daß die XIII. Herzogin von Alba eines natürlichen Todes gestorben war. Die Todesursache war laut Ergebnis der drei Ärzte eine Gehirnhautentzündung, der eine Infektion der Lymphe vorausgegangen war, die auch Niere und Lunge schädigte. Spuren von Gift wurden nicht gefunden.[43] Auch Lion Feuchtwanger glaubte nicht an einen Gifttod. Er entwickelte eine »romantische-re« Version, die die Schicksalhaftigkeit dieser Liebesbeziehung besiegelte. Er ließ die Herzogin von Alba an der mißglückten Abtreibung eines Kindes sterben, dessen Vater Goya war.

Bei der Autopsie entdeckte das ärztliche Triumvirat jedoch etwas anderes. Der Mumie fehlten beide Füße. Sie waren auf der Höhe des Fußwurzelknochens sauber abgetrennt worden. Der rechte lag im Sarg, von dem linken fehlte jede Spur. Die Suche nach dem Grund dieser eigentümlichen Verstümmelung führte die Ärzte in das Jahr 1843 zurück, als die sterblichen Überreste der Herzogin von Alba wegen Umbauarbeiten der Kirche der Padres del Salvador auf den Friedhof San Isidoro umgebettet werden mußten. Man bestellte für die Überführung der Gebeine einen neuen Sarg. Nach den Ergebnissen der Autopsie von 1945 war dieser jedoch um genau 9 cm zu kurz. Anstatt einen anderen zu bestellen, entschlossen sich die Verantwortlichen damals für die einfachere und schnellere Lösung. Man glaubte wohl, daß die späte Amputation für immer unentdeckt bliebe. Kein Mitglied der Familie der Alba war anwesend. In der Eile und Verwirrung, so mutmaßten die Ärzte, hatte man vergessen, auch den linken Fuß mit in den Sarg zu legen. Doch könnte das Fehlen des Fußes einer so berühmten und berüchtigten Dame nicht auch andere Gründe haben, die im Bereich zwischen Aberglauben und Reliquienkult angesiedelt sind? Man glaubte im Spanien des 19. Jahrhunderts wohl nicht mehr an Hexen, Teufel und Dämonen, doch der Hang zum Mystizismus war in Spanien noch lebendig. Die Herzogin von Alba war eine von Legenden umwobene Frau, die ebenso geliebt, wie beneidet und gehaßt wurde. In Hinblick auf den übertriebenen Reliquienkult des spanischen Volkes ist das Fehlen ihres linken Fußes vielleicht nicht nur mit menschlicher Verwirrung zu erklären. Nicht nur der fehlende Fuß, sondern auch die Körpermaße der Herzogin gaben nach der Autopsie Anlaß zu weiteren Spekulationen. Ihre Größe von 163 cm und die Proportionen des zierlichen Körpers zeigten – so die drei Ärzte – eine gewisse Ähnlichkeit mit der nackten Maja von Goya. Ihre Ergebnisse wollten sie nach eingehender Analyse in einem Buch veröffentlichen, das der Herzog von Alba 1949 sogar selbst ankündigte.[44] Dieser Bericht ist jedoch nie erschienen.

Die Jahre zwischen 1797 und 1802 waren für Goya nicht nur Jahre der Enttäuschung. Nach Madrid zurückgekehrt, begann er mit der Arbeit an den ›Caprichos‹. Obgleich der erwartete Erfolg in der Öffentlichkeit ausblieb, wurde er von seinen Freunden gefeiert. Auch die Goya-Anhänger ließen sich diese Gelegenheit nicht entgehen, wie die Herzogin von Osuna, die gleich mehrere Exemplare der Folge kaufte. Sie war eine ausgesprochene Kennerin und Liebhaberin von Goyas Kunst und wußte gleich zu Beginn, seine neuen irrationalen Bildwelten zu schätzen. Schon während der Vorbereitungen an den ›Caprichos‹ bestellte sie bei Goya sechs Gemälde mit Darstellungen von Hexenszenen, die für den herzöglichen Landsitz La Alameda gedacht waren. Auch Karl IV. und María Luisa nahmen die Dienste ihres zurückgekehrten Hofmalers mit Freude in Anspruch. Im Frühjahr 1798 erhielt Goya vom König den Auftrag, die neu erbaute Kirche San Antonio de la Florida mit Fresken auszustatten. Ein direkter Auftrag von seiten des Hofes bedeutete, in der künstlerische Ausführung freie Hand zu haben. So mußte Goya weder dem Domkapitel noch der Akademie von San Fernando seine Entwürfe für die Ausstattung der Kirche vorlegen. Welch Glück, denn mit den Fresken von San Antonio de la Florida setzte Goya sich ein Denkmal ganz besonderer Art, so als hätte er geahnt, daß hier einmal seine letzte Ru-

Michel Ange Houasse,
*Blick auf das Kloster
von El Escorial,*
um 1730,
Öl auf Leinwand,
50 × 82 cm,
Madrid, Prado

Wunder des hl. Antonio von Padua, 1798, Fresko, Durchmesser ca. 5,5 m, Madrid, San Antonio de la Florida

hestätte sein werde. Im September 1799 reiste Goya nach La Granja, zur Sommerresidenz des Hofes nahe Segovia. Das spätbarocke Schloß hatte Philipp V. 1721 nach französischem Vorbild bauen lassen. Hier entstand, neben dem Porträt des Königs als Jäger, auch das Bildnis der Königin als Maja mit schwarzer Mantilla. Die erste Dame Spaniens präsentiert sich hier selbstbewußt im Alter von 48 Jahren in der Tracht des Volkes, so als wolle sie es ihrer Rivalin Alba gleichtun. Wahrscheinlich kannte María Luisa das Bildnis der Alba in Schwarz nur aus Beschreibungen, denn die Liebeshinweise ihres Hofmalers wären den wachsamen Augen

der stets eifersüchtigen Königin nicht entgangen. Im Oktober des gleichen Jahres folgte Goya dem Hof zum Escorial, wo man alljährlich einige Monate verbrachte. Die Kloster- und Königsresidenz in der Nähe von Madrid wurde unter Philipp II. in der zweiten Hälfte des 16. Jahrhunderts errichtet. Hier porträtierte Goya das Königspaar zu Pferde. María Luisa ließ sich hoch zu Roß auf ihrem Lieblingspferd Marcial darstellen, ein Geschenk ihres Günstlings Godoy. Die Bildnisse schienen zur größten Zufriedenheit des Königspaares ausgefallen zu sein, denn noch im selben Monat wurde Goya zum Ersten Hofmaler ernannt. Im Frühjahr 1800 nahm er schließlich den letzten, zweifelsohne bedeutendsten königlichen Auftrag in Angriff: *Die Familie Karls IV.* In Aranjuez, wo der Hof jedes Jahr von Ostern bis Juli residierte, fertigte Goya zwischen Ende Mai und Anfang Juni Porträtskizzen der wichtigsten Mitglieder der königlichen Familie an. In den Monaten danach entstand in der Stille des Ateliers mit Hilfe dieser Studien das berühmte Gruppenbild der Familie Karls IV., auf dem sich der Künstler – auf dem Gipfel seines Ruhmes – auch selbst darstellte.

Ob Goya der Herzogin von Alba noch einmal bei Hof oder bei einem der großen Feste des Adels begegnet war, wissen wir nicht. Es könnte jedoch sein, daß sich ihre Wege noch einmal in

Entwurf für das Grab der Herzogin von Alba, Madrid, Sammlung Berganza (nach Goyas Zeichnung), um 1802/03, Pinsel und Tusche, laviert, 12 × 16,5 cm

Aranjuez gekreuzt hatten. Dank der regen Korrespondenz zwischen María Luisa und ihrem geliebten Godoy wissen wir, daß die Herzogin von Alba am Nachmittag des 24. April 1800 mit ihrer Freundin Rafaela Solano bei der Königin war. Sie planten, für sechs Tage in Aranjuez zu bleiben.[45] In dieser Zeit war Goya wahrscheinlich noch mit dem Porträt der Herzogin von Chinchón, der jungen Gemahlin Godoys, beschäftigt, doch der Umzug seines Ateliers von Madrid nach Aranjuez stand kurz bevor. Auch wenn sich die beiden in jenen Tagen in Madrid oder Aranjuez zufällig begegnet sein sollten, hatte die Herzogin wohl keine Augen mehr für Goya. Der Grund dafür war der General Antonio Cornel y Ferraz, den sowohl Godoy als auch die Königin, wie Briefe bezeugen, aus tiefstem Herzen haßten. Mit ihm hatte die Herzogin, wenn man Godoys Äußerungen in einem Schreiben an María Luisa vom 9. September glauben darf, eine Liebesaffäre. Auch die Beobachtung der Königin vom 30. April, die Alba »sei so verrückt wie in ihren ersten Jugendtagen« spricht für ein neues Liebesabenteuer.[46] Zwischen Goya und der Herzogin von Alba bestand, außer einer flüchtigen Begegnung vielleicht, keine Verbindung mehr. Auch Aufträge aus dem Hause Alba an Goya sind nach 1797 nicht bekannt.

Tantalus,
aus den *Caprichos*, Bl. 9,
1797/98,
Radierung
und Aquatinta,
20,8 × 15,1 cm

Der einzige Beweis, daß Goya vom Tod der Herzogin Notiz nahm, ist eine kleine Tusch-Zeichnung. Sie zeigt drei Gestalten in langen Kutten mit verhüllten Gesichtern, die den Körper einer Frau behutsam vor der Öffnung einer Pyramide aufbahren. Es ist der Leichnam der Herzogin von Alba. Goya stellt die Freundin im Tod so anmutig und sanft dar, wie einst in den Zeichnungen von Sanlúcar. Nichts ist von der hochmütigen Erscheinung der davonfliegenden Alba aus den ›Caprichos‹ geblieben. Die Komposition der Grablegung vor Augen, erinnert ein anderes Blatt aus der Folge an die Herzogin von Alba. Es trägt den Untertitel *Tantalus*. Nach der griechischen Mythologie hat Tantalus, ein Sohn des Zeus, die Allwissenheit der Götter frevelhaft herausgefordert. Seine Strafe dafür waren ewige Qualen: Er sollte für immer hungern und dursten. Die Früchte über seinem Haupt entschwanden, wenn er nach ihnen griff, und der See, in dem er stand, wich zurück, sobald er von seinem Wasser trinken wollte. Auch Goyas Tantalus erleidet Qualen: Es sind Liebesqualen, wie uns der Prado-Kommentar zu dieser Radierung bestätigt, dessen Wortlaut wahrscheinlich von Goya stammt: »Wäre er ein besserer Liebhaber und weniger langweilig, würde sie wieder aufleben«. Die Frau auf seinem Schoß ist offensichtlich die Ursache seines Leidens. Sie ist ohnmächtig. Kopf und Arm hängen kraftlos herab. Tantalus, die Hände ineinander gefaltet, blickt flehend nach oben. Beschwört Goya hier die Qualen einer leidenschaftlichen Liebe, die keine Erfüllung fand, aus seiner eigenen Erfahrung? Der ebenfalls zeitgenössische Ayala-Kommentar bekräftigt diese Vermutung: »Wäre er galanter« – so heißt es hier – »käme sie schon wieder zu sich. So ergeht es den Alten, die junge Frauen heiraten« – oder lieben? Goya war, als das Blatt entstand, 52 Jahre alt und taub, die Alba 36 Jahre, schön und von vielen begehrt. Steht der leidende Tantalus für den alternden Goya, der sich seiner mißlichen Lage durchaus bewußt war? Der Gedanke an eine Verbindung zwischen Goya und Tantalus sowie der ohmächtigen Frau und der Herzogin drängt sich umso stärker auf, wenn man die Radierung mit dem Entwurf für das Grabmal der Alba vergleicht. Man findet nicht nur den diagonal im Bild liegenden Frauenkörper wieder, sondern auch die Pyramide im Hintergrund, die aus der emblematischen Tradition heraus bereits als »Zeichen der Abhängigkeit zur Geliebten« gedeutet worden ist.[47] Doch die Erinnerungen an die einstigen Qualen scheinen nun im Anblick des Todes vergessen.

Vielleicht wurde Goya von den Erben aufgefordert, einen Entwurf für das Grabmal der Herzogin zu zeichnen. Das Blatt befindet sich heute jedenfalls im Besitz der Familie Berganza, die damals zu den Haupterben der Herzogin gehörten. Auch ist bis dato nicht gesichert, ob die Komposition für die Krypta oder für die Kirche der Padres Misioneros del Salvador gedacht war, noch ob sie je ausgeführt wurde. Die Kirche ist heute Teil der Aula der Madrider Universität. Als die Umbauarbeiten 1842 begannen, überführte man die Gebeine der Herzogin auf den Friedhof von San Isidoro. Hier ruhen sie in einem marmornen Pantheon, bekrönt von ihrer Büste.

BIOGRAPHIEN

María Teresa Cayetana de Silva, XIII. Herzogin von Alba

Am 10. Juni 1762 wurde María Teresa Cayetana de Silva als Tochter des Don Francisco de Paula de Silva y Alvarez de Toledo y Portugal (*1733), Herzog von Huéscar und Erbe des Namens Alba,

Mariano González de Sepúlveda, *Herzogin von Alba*, 1795, Zeichnung, Privatsammlung

und der jungen Doña María del Pilar Ana de Silva y Sarmiento de Sotomayor (*1739), nach fast fünfjähriger Ehe in Madrid geboren. Am folgenden Tag wurde sie in der Kirche de Santos Justo y Pastor – im Andenken an die Vorfahren und Schutzheiligen der Familie – auf insgesamt 31 Vornamen getauft: María del Pilar, Teresa, Cayetana, Manuela, Margarita, Leonor, Sebastiana, Bárbara, Ana, Joaquina, Josefa, Francisca de Paula, Javiera, Francisca de Asís, Francisca de Sales, Andrea, Abelina, Sinforosa, Benita, Bernarda, Petronila de Alcántara, Dominga, Micaela, Rafaela, Gabriela, Venancia, Antonia, Fernanda, Bibiana, Vicenta und Catalina.

Die ersten Jahre verbrachte María Teresa Cayetana mit ihren Eltern im Palast des Großvaters väterlicherseits, Don Fernando de Silva de Toledo, XII. Herzog von Alba, in Piedrahita, nahe Ávila. Die unzähligen Zimmer des zweistöckigen Palastes, der in den Kriegswirren zu Beginn des 19. Jahrhunderts zerstört wurde, waren – so geht es aus dem Inventar hervor – allesamt tapeziert, einige sogar mit Seide und Damast. Über den Türen befanden sich Malereien à la chinoise, wie es zu dieser Zeit in ganz Europa Mode war.

Der Großvater wohnte in den herrschaftlichen Gemächern im ersten Stock. Im Erdgeschoß war die große Bibliothek, die neben Traktaten über die Geschichte des Militärwesen vor allem Werke zeitgenössischer Autoren beinhaltete. Hier, wo der Río Corneja durch das weite Tal der Herzöge von Alba floß, verbrachte María Teresa Cayetana in einem luxuriösen Palast in ländlicher Umgebung die ersten Jahre ihrer Kindheit.

1768

Im Juli 1768 wurde ihr Vater Don Francisco – gegen seinen und gegen den Willen seiner Familie – zum Generalleutnant befördert. Die Vorkehrungen, die der Herzog von Alba bereits bei der Hochzeit seines Sohnes und in den Jahren danach im Falle seines Todes für dessen Witwe und deren mögliche Nachkommen getroffen hat, lassen vermuten, daß es um den Gesundheitszustand des Herzog von Húescar nicht gut bestellt war. Ein Leben voller Amouren und eine große Spielleidenschaft wurden ihm nachgesagt.

1769

Im September 1769 kaufte der Herzog von Alba in Madrid den Stadtpalast de Buenavista, an der Calle de Alcalá gelegen, und im Dezember vier weitere Häuser in der Nähe des Palastes. Die junge Familie zog in das Haus Nr. 1 in der Calle Real del Barquillo, für den Großvater war das Haus Nr. 5 vorgesehen.

1770

Kurz nach dem Umzug von Piedrahita nach Madrid starb am 26. April 1770 der Herzog von Húescar, einziger Sohn des XII. Herzogs von Alba, im Alter von 37 Jahren in dem neuen Haus in der Calle de Barquillo. In einem Brief des Herzogs von Villahermosa vom 14. Mai an seinen Freund heißt es: »Der Herzog von Húescar ist in wenigen Tagen mit viel Geld und vielen Ärzten gestorben...«.[48] Seine kleine Tochter María Teresa Cayetana war nun die zukünftige und einzige Erbin des Hauses Alba.

1773

Am 11. Oktober 1773 wurde der Ehevertrag zwischen der elfjährigen María Teresa Cayetana und dem siebzehnjährigen José (*1756), dem späteren Markgrafen von Villafranca, geschlossen. Unterschrieben haben die Urkunde die Eltern des Bräutigams sowie der Großvater der Braut, XII. Herzog von Alba, dessen Schwester, die Herzogin von Medinasidonia, und die Mutter der Braut, die Herzogin Witwe von Húescar.

1775

Schon zwei Jahre später fand am 15. Januar 1775 in Madrid eine große Doppelhochzeit statt: María Teresa heiratete Don José, nach dem Tod des Vaters nun Markgraf von Villafranca, und ihre Mutter, Herzogin Witwe von Huéscar, den um etliche Jahre älteren Grafen von Fuentes, Don Joaquín Pignatelli de Aragón. Er war der Vater ihres jungen Geliebten, der nur wenige Monate zuvor gestorben war. Der Grund für die plötzliche Heirat der Mutter ist aus heutiger Sicht unklar. María Teresa Cayetana und Don José zogen in das elterliche Haus in der Calle del Barquillo.

1776

Das neue Familienglück währte nicht lang. Nach erst einjähriger Ehe starb am 14. Mai 1776 der Graf von Fuentes. Er hinterließ seiner jungen Frau, die nun zum zweiten Mal Witwe wurde, drei Söhne. Der jüngste, Carlos, den ein inniges Verhältnis mit María Teresa Cayetana verband, blieb bei seiner Stiefmutter. Noch im gleichen Jahr am 15. November starb der Großvater, der Herzog von Alba im Alter von 62 Jahren. María Teresa Cayetana erbte ein großes Vermögen und den Namen Alba, den sie von nun an als XIII. Herzogin von Alba führte. Auch ihr Gemahl Don José, Herzog von Villafranca, mußte – wie im Ehevertrag vereinbart – den Namen Herzog von Alba tragen.

Herzog von Alba,
(Ausschnitt aus
Abb. Seite 31)

1777–1778

König Karl III. ernannte den neuen Herzog von Alba zugleich zum Kammerdiener des Prinzen von Asturien, dem späteren Karl IV. In den Weihnachtstagen fand – wohl wegen der baldigen Vermählung der Mutter von María Teresa Cayetana mit dem Herzog von Arcos (1. Januar 1778) – im Hause Alba ein großes Fest statt.

Zu diesem Anlaß wurde ein kleiner Schwank von Ramón de la Cruz aufgeführt, in dem die junge Herzogin von Alba selbst die Hauptrolle der Laura spielte. Im September reisten die Herzöge von Alba zum ersten Mal gemeinsam nach Andalusien. In diesen Jahren begann der große Um- und teilweise Neubau des Palastes de Buenavista zu einer repräsentativen Stadtresidenz, wie es schon ihr Großvater einst geplant hatte (heute Verteidigungsministerium).

1780

Am 13. Dezember starb der Herzog von Arcos, der dritte Gemahl ihrer Mutter. Die Herzogin-Witwe lebte von nun an zurückgezogen im Palast de la Moncloa am Stadtrand von Madrid. Die folgenden Jahre im Leben der Herzogin von Alba sind nur sehr spärlich dokumentiert.

1784

Am 17. Januar 1784 starb ihre Mutter, die Herzogin-Witwe von Arcos, im Alter von nur 43 Jahren. Sie hinterließ ihrer Tochter María Teresa Cayetana ihr ganzes Vermögen, auch den Palast de la Moncloa.

1792

Die Herzogin von Alba verbrachte die Monate September und Oktober alleine auf ihrem Landsitz in Piedrahita bei Ávila, wo sie sich – wie aus den Quellen hervorgeht – von einer schweren Krankheit erholte. Im November kehrte sie wieder nach Madrid zurück, um sich mit ihrem Gemahl in der königlichen Residenz El Escorial nahe Madrid zu treffen. Anfang Dezember kehrte sie alleine nach Madrid zurück.

1793–1794

Der Herzog von Alba reiste im September nach La Granja, der ehemaligen Sommerresidenz Philipps V., nahe Segovia, wo der Hof jedes Jahr um diese Zeit weilte. Den November verbrachten die Herzöge von Alba wieder gemeinsam im Escorial. Die Herzogin kehrte – wie schon im letzten Jahr – früher nach Madrid zurück.

1795

Die Herzöge von Alba verbrachten das Jahr in Madrid. Nur Don José begleitete den Hof wieder im November und Dezember zum Escorial. In diesem Jahr malte Goya die ganzfigurigen Porträts der Herzöge von Alba.

1796–1797

Tod des Herzogs von Alba, am 9. Juni in Sevilla. Die gemeinsamen Monate mit Goya in Sanlúcar de Barrameda. Goya malte das Porträt der Herzogin von Alba in Schwarz.

1798

Nach den Aufzeichnungen von Pepita Tudó hatte die Herzogin von Alba in den Jahren nach dem Tod ihres Mannes eine Affäre mit Manuel Godoy, der nicht nur Günstling und Liebhaber der Königin, sondern auch der langjährige Geliebte und spätere Ehemann der Tudó war.

1800

Liebesbeziehung zu General Antonio Cornel.

1802

Aus einem Brief der Gräfin von Montijo vom 9. August 1802 geht hervor, daß die Herzogin von Alba noch ein zweites Mal geheiratet hatte. Der Name ihres zweiten Ehemannes ist nicht überliefert. In den Augen der Gräfin von Montijo war er »ein guter Mensch, mit einer traurigen Existenz, den nur die Religion und die Philosophie [...] aufrecht erhielt«.[49]

Am 3. April 1802 lieh sich die Herzogin die Summe von 5.480.000 reales (zum Vergleich verdiente Goya als Erster Hofmaler 50.000 reales im Jahr) von zwei angesehenen Personen am Hof. Das Geld sollte in zwei Raten am 1. September 1802 und am 1. Dezember 1803 zurückgezahlt werden. Doch dazu kam es nicht mehr.

Tod der Herzogin von Alba (23. Juli).

Am Abend des 26. Juli fand die Beisetzung in der Kirche der Padres Misioneros del Salvador statt. Der Name Alba ging an

Exhumierung der Gebeine der Herzogin von Alba, 1945

Carlos Miguel F. J. Stuart y Silva (1794–1835), einen fernen Verwandten, der damals acht Jahre alt war. Fast vierzig Jahre dauerten die Streitigkeiten um die Erbschaft der Alba.

1842
Wegen des ruinösen Zustandes der Kirche wurden die Gebeine von María Teresa Cayetana, XIII. Herzogin von Alba, und des Herzogs von Arcos auf den Friedhof de la Sacramental de San Pedro, auch Friedhof de San Isidro genannt, überführt.

1945
Exhumierung und Autopsie der Gebeine auf Veranlassung des damaligen Herzogs von Alba.

Die Biographie der Herzogin von Alba beruht größtenteils auf dem bis heute noch gültigen Standardwerk über ihr Leben von Joaquín Ezquerra del Bayo, *La Duquesa de Alba y Goya*, Madrid 1928, [2]1959.

Am 30. März 1746 wurde Francisco Goya y Lucientes als Sohn des Vergolders José Goya und seiner Ehefrau Gracia Lucientes, die aus verarmtem aragonesischen Adel stammte, in Fuendetodos, einem kleinen Ort bei Zaragoza in Aragón, geboren.

1760

Über Goyas Kindheit ist nicht viel bekannt. Wahrscheinlich besuchte er die Schule Escuelas Pías in Zaragoza. Im Alter von 14 Jahren trat er dort in das Atelier des Malers José Luzán ein.

1763–1764

Goya reiste nach Madrid, wo seit 1761/62 der Maler Anton Raphael Mengs aus Rom (1728–1779) und der Venezianer Giovanni Battista Tiepolo (1696–1770) mit seinen zwei Söhnen die Kunstwelt vorrangig beherrschten. Hier nahm er an dem nur alle drei Jahre stattfindenden Wettbewerb der Königlichen Akademie der Schönen Künste von San Fernando teil. Doch die Jury (im Januar 1764) würdigte den Beitrag des jungen Malers mit keiner einzigen Stimme. Ob Goya nach dieser Enttäuschung nach Zaragoza zurückkehrte, ist nicht dokumentiert.

1766

Drei Jahre später versuchte er beim Wettbewerb der Akademie noch einmal sein Glück, doch wieder ohne Erfolg.

1770–1771

Goya reiste nach Rom und beteiligte sich an dem Wettbewerb der Akademie von Parma mit einem Historienbild, das ihm zumindest sechs Stimmen der Jury und eine ehrenvolle Erwähnung einbrachte. Er stellte sich hier als Schüler des inzwischen in Spanien zu Ruhm gelangten Malers Francisco Bayeu (1734–1795) aus Zaragoza vor, der 1763 zusammen mit seinem Bruder Ramón auf Veranlassung Mengs nach Madrid berufen und 1765 zum Königlichen Maler ernannt worden war. Bayeu war ein überzeugter Vertreter des von Mengs postulierten akademischen Klassizismus.

1771–1772

Ende Juni 1771 kehrte Goya nach Zaragoza zurück. Am 21. Oktober erhielt er seinen ersten bedeutenden Auftrag: die Freskierung des Gewölbes im kleinen Chor (»Coreto«) der Kathedrale El Pilar in Zaragoza, die im Juni 1772 abgeschlossen war. Das barock komponierte Gewölbefresko in der Art eines Tiepolo fand bei seinen Auftraggebern großen Anklang. Wahrscheinlich hatte Goya die Technik der Freskomalerei in Italien gelernt.

1773

Am 25. Juli 1773 heiratete Goya in Madrid die 26jährige Josefa Bayeu, die Schwester seines Lehrers Francisco Bayeu. Ein Porträt Josefas aus diesen Jahren ist nicht überliefert.

1774

Goya und seine Frau zogen nach Madrid, wo das junge Paar zunächst im Haus des Schwagers in der Calle del Reloj Nr. 7–9 wohnte. In dieser Zeit entstanden die Gemälde für das Kartäuserkloster Aula Dei bei Zaragoza. Ende 1774 wurde Goya auf Veranlassung Bayeus durch Mengs zum Hofmaler berufen.

1775

In diesem Jahr begann Goyas Tätigkeit für die Königliche Teppichmanufaktur Santa Bárbara in Madrid. Es entstanden die ersten Kartons für Gobelins im akademischen Stil Bayeus, die – dem Thema der Jagd gewidmet – für den Speisesaal der Prinzen von Asturien, dem späteren Karl IV. und seiner Gemahlin María Luisa von Parma, im Escorial bestimmt waren. Am 15. Dezember Geburt des ersten Kindes noch im Hause Bayeu (weiter nicht dokumentiert).

1776–1778

Goya erhielt den Auftrag für eine zweite Folge von zehn Kartons mit

Darstellungen von Volksvergnügen bzw. -belustigungen für den Speisesaal der Prinzen von Asturien im Jagdschloß El Pardo nahe Madrid. Goya und seine Frau wohnten in der Carrera de San Jerónimo, Nr. 66.

1778–1780

1778 veröffentlichte Goya Radierungen nach Gemälden von Diego Velázquez aus der königlichen Sammlung, die Mengs den jungen Malern zum Studium empfohlen hatte. Goya verwendete hier bereits die erst kurz zuvor erfundene Aquatinta-Technik, deren Handhabung er im Laufe der Zeit zur Meisterschaft entwickelte. Karl III. gab noch eine dritte Serie von Tapisseriekartons bei Goya in Auftrag. Die im Januar 1780 vollendete Folge war für die Ausschmückung der Räume der Prinzen von Asturien im Pardo-Palast gedacht.

1780

Goya wurde in die Königlichen Akademie von San Fernando aufgenommen. Sein Aufnahmestück ist das in akademischer Manier gemalte Kruzifix für San Francisco el Grande in Madrid,

La baile a orillas del río Manzanares (Tanz am Ufer des Manzanares), 1777, Öl auf Leinwand, 272 × 295 cm, Madrid, Prado

heute im Prado zu Madrid. Ende des Jahres erhielt er den Auftrag, die Kathedrale El Pilar in Zaragoza mit Fresken auszustatten, doch nun unter der Leitung Bayeus, der seit 1776 mit den Ausmalungen betraut war. Goyas Entwürfe für das Gewölbe stießen wegen des freien skizzenhaften Malduktus bei seinem Schwager und der kirchlichen Baubehörde auf scharfe Kritik, sie seien – so die Begründung – nicht »fertig«. Diese Skizzenhaftigkeit wird für Goyas Malerei charakteristisch. Es war seine erste öffentliche Auflehnung gegen den herrschenden klassizistischen Kunstgeschmack, den Bayeu vertrat. Doch ohne Erfolg. Goya mußte sich bei der Ausführung der Fresken den Wünschen seines Auftraggebers beugen.

1781–1783

Tod des Vaters. Goya begann das großformatige Gemälde des Heiligen Bernardino (480 × 300 m) für die Kirche San Francisco el Grande in Madrid, an dem er zwei Jahre arbeitete. 1783 entstand das Bildnis des Grafen Floridablanca, Erster Staatssekretär Karls III. Es ist Goyas erstes offizielle Porträt. Am linken Bildrand

Selbstporträt (im Alter von 37 Jahren), 1783, Öl auf Leinwand, 86 × 60 cm, Agen, Museum

stellte sich der Malers sogar selbst dar. Wohl durch die Vermittlung des Grafen erwirkte Goya im gleichen Jahr den Kontakt zum Infanten Don Luis, Bruder Karls III. Auf dessen Landsitz in Arenas de San Pedro (Ávila) malte Goya zahlreiche Porträts der Familienmitglieder, vermutlich auch das monumentale Familienbildnis des Infanten Don Luis, auf dem sich Goya noch einmal mit seinem Selbstbildnis verewigte. Im September kehrte er nach Madrid zurück.

1784

Am 2. Dezember 1784 wurde Francisco Javier Goya († 1854) geboren, einziges Kind aus der Ehe mit Josefa, das nachweislich am Leben blieb. Die Familie lebte – wahrscheinlich schon seit 1779 – in der Calle del Desengaño, Nr. 1.

1785

Am 18. März 1785 wurde Goya zum stellvertretenden Direktor für Malerei an der Königlichen Akademie von San Fernando ernannt. Es entstanden zahlreiche Arbeiten für die Medinaceli und die Herzöge von Osuna, einer der wichtigsten Familien Spaniens, die Goya bis 1799 gönnerhaft Aufträge erteilte.

1786–1787

Am 25. Juli ernannte Karl III. Goya zu seinem Königlichen Maler (Pintor del Rey), was er – wie aus einem Brief an seinen

engen Freund Zapater hervorgeht – Bayeu zu verdanken hatte. Goya kaufte, um seinen neuen sozialen Status zu dokumentieren, eine Kutsche und unterschrieb von nun an mit »Francisco de Goya«. In diesem Jahr malte er den Jahreszeiten-Zyklus für die Königliche Teppichmanufaktur und die acht Wandgemälde im gleichen Stil für den Landsitz der Herzöge von Osuna.

1788

Goya begann mit der Serie von Teppichkartons für das Schlafzimmer der Infantinnen, deren Ausführung durch den Tod Karls III. am 14. Dezember unterbrochen wurde. Nur das Gemälde *La gallina ciega* (Blindekuhspiel) wurde vollendet.

1789
Der neue König Karl IV. und seine Gemahlin María Luisa er-
nannten Goya zu ihrem Hofmaler (Pintor de cámara). Er erhielt
zugleich den Auftrag für zahlreiche Porträts der königlichen Familie. In diesem Jahr entstand auch das Familienbild des Herzogs
von Osuna mit seiner Frau und seinen Kindern.

1791
Letzte Arbeiten für die Königliche Teppichmanufaktur.

1792–1793
Goyas erste Reise nach Andalusien.

1793–1794
Die Gruppe der ›Kabinettstücke‹ und zahlreiche Porträts entstanden. Besuch der Herzogin von Alba im Atelier.

1795
Tod seines Schwagers Francisco Bayeu. Goya wurde Direktor
für Malerei an der Königlichen Akademie von San Fernando. In

Selbstporträt, 1795–1797,
Öl auf Leinwand, 20 × 14 cm,
Madrid, Col. Alejandro Pidal

Selbstporträt, um 1797–1800,
Öl auf Leinwand, 63 × 49 cm,
Castres, Goya Museum

diesem Jahr erhielt er den ersten Auftrag aus dem Hause Alba: die ganzfigurigen Porträts des Herzogs und der *Herzogin von Alba in Weiß*. Gleichzeitig entstanden die beiden kleinformatigen Ölskizzen.

1796–1797
Goyas zweite Reise nach Andalusien. Der Aufenthalt bei der Herzogin von Alba in Sanlúcar de Barrameda. Es entstand das *Porträt der Herzogin von Alba in Schwarz*.

1797–1798
In diesen Jahren arbeitete Goya vorwiegend an den Vorzeichnungen und Radierungen für die ›Caprichos‹. Für den Landsitz La Alameda der Herzöge von Osuna entstanden die sechs Hexenbilder. Im Frühjahr 1798 erhielt Goya den Auftrag für die Fresken der Kirche San Antonio de la Florida, Madrid, die im Juli des darauffolgenden Jahres feierlich eingeweiht wurde.

1799
Am 6. Februar 1799 wurde die Veröffentlichung der ›Caprichos‹ im ›Diario de Madrid‹ bekanntgegeben. Im September und Oktober, während der Hof in La Granja weilte, entstanden

Nackte Frau mit Spiegel
(Madrider Album), 1797,
Pinsel und Tusche,
laviert,
23,7 × 14,5 cm,
Madrid,
Biblioteca Nacional

Mariano Goya,
um 1815,
Öl auf Holz,
59 × 47 cm,
Madrid,
Sammlung de Alburquerque

die Porträts des Königs als Jäger und der *Königin in schwarzer Mantilla* sowie der Königin zu Pferde. Am 31. Oktober 1799 wurde Goya zum Ersten Hofmaler (Primer pintor de cámara) ernannt.

1800–1801

Im Frühjahr 1800 folgte Goya dem Hof nach Aranjuez. In den folgenden Monaten entstand das bekannte Gruppenbild *Die Familie Karls IV.* Es war Goyas letzter offizieller Auftrag.

1802

Entwurf für das Grabmal der Herzogin von Alba. In den folgenden Jahren bis 1808 malte Goya zahlreiche Porträts.

1803

Goya übergab die Druckplatten der ›Caprichos‹ aus Angst vor der Inquisition dem König.

1805–1806

Goyas Sohn Javier heiratete Gumersinda Goicoechea, die Tochter eines wohlhabenden Madrider Kaufmanns. Im folgenden Jahr wurde Goyas Enkel Mariano geboren.

1808

Nach der Abdankung Karls IV. am 19. März 1808 beauftragte die Akademie von San Fernando Goya mit einem Porträt des Thronfolgers Ferdinand VII. Doch der neue König blieb nur wenige Tage im Amt, gefolgt von Karl IV., der seine Krone an Napoleon abtrat. Am 6. Juni 1808 wurde Napoleons Bruder Joseph zum König von Spanien ausgerufen. Das Blutbad, das am 2. und 3. Mai in Madrid stattfand, verewigte Goya sechs Jahre später in den beiden monumentalen Gemälden *Der 2. Mai auf der Puerta del Sol* und *Die Erschießung der Aufständigen am 3. Mai auf der Moncloa*. Es war der Beginn des fünfjährigen Spanischen Unabhängigkeitskrieges, dessen Greuel-

Die Frau des Buchhändlers, um 1805–1808, Öl auf Leinwand, 109,9 × 78,2 cm, Washington, National Gallery

taten Goya in den *Desastres de la Guerra* (Schrecken des Krieges) und in vielen kleinformatigen Bildern festhielt.

1810–1811

Beginn der Arbeit an den *Desastres de la Guerra,* einer Folge von 82 Radierungen, deren Mehrzahl wahrscheinlich in den Jahren 1812–1814 entstanden sind, als in Madrid eine schreckliche Hungersnot herrschte. Die Blätter wurden erst nach Goyas Tod 1886 unter dem Titel *Los Desastres de la Guerra* von der Akademie

Ferdinand VII., um 1814, Öl auf Leinwand, 212 × 146 cm, Madrid, Prado

La Leocadia, 1819, Fresko für die *Quinta del Sordo* (Landhaus des Tauben), Madrid, Prado

von San Fernando veröffentlicht. Im gleichen Jahr erhielt Goya den Auftrag für das Gemälde *Allegorie der Stadt Madrid* zu Ehren von Joseph Bonaparte, der Goya im folgenden Jahr den königlichen Orden verlieh.

1812

Am 20. Juni starb Goyas Ehefrau Josefa Bayeu. Inventarisierung des gemeinsamen Besitzes und Aufteilung des Erbes zwischen Goya und seinem Sohn, der das elterliche Haus und alle Gemälde erhielt.

1814–1815

Anläßlich der ersehnten Rückkehr von Ferdinand VII. aus dem Exil, der das Land gegen alle Erwartungen jedoch absolutistisch regierte, malte Goya mit finanzieller Unterstützung der Regierung 1814 die zwei Gemälde *Der 2. Mai auf der Puerta del Sol* und *Die Erschießung der Aufständigen am 3. Mai auf der Moncloa*, die beim Einzug des Königs in Madrid auf einem der Triumphbögen prangten. Am 2. Oktober des gleichen Jahres brachte Goyas junge Lebensgefährtin Leocadia Weiss ein Mädchen zur Welt, das auf den Namen María del Rosario Weiss († 1843) getauft wurde. (Goyas Vaterschaft ist nicht gesichert). Im November wurde die Gemäldesammlung Godoys vom Heiligen Offiziums begutachtet, darunter befanden sich auch *Die nackte* und *die bekleidete Maja*. Wegen der »unzüchtigen« Darstellung mußte sich Goya 1815 vor der Inquisition verantworten.

1816–1817

Veröffentlichung der ›Tauromaquia‹, einer Folge von 33 Radierungen, die die

Geschichte des Stierkampfes illustriert. Altar-
bild der Heiligen Rufina und Justa für die Kathedrale von Sevilla.

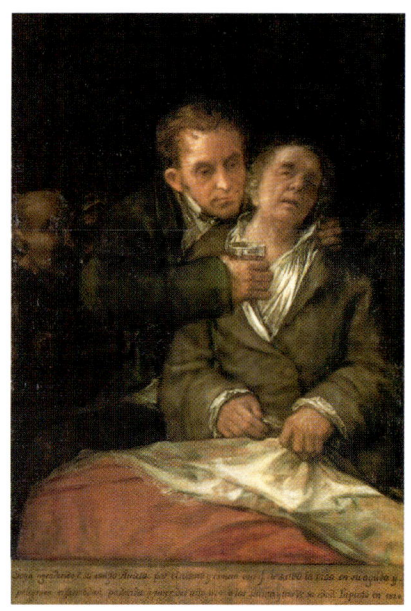

1819

Am 27. Februar kaufte Goya ein Landhaus
am Ufer des Manzanares bei Madrid, die sogenannte Quinta del Sordo (Landhaus des
Tauben), wo er zusammen mit Leocadia und
der kleinen María del Rosario lebte. Im Winter erkrankte Goya schwer. Sein Freund und
Arzt Arrieta behandelte ihn. Aus Dankbarkeit
malte Goya nach seiner Genesung ein Selbstbildnis, das ihn, von Leid und Schmerz gezeichnet, in den Armen seines Freundes zeigt.

1820–1823

In diesen Jahren entstanden die ›Pinturas
negras‹ (Die Schwarzen Gemälde) als Ausschmückung für die
Quinta del Sordo sowie die Folge ›Los Disparartes‹ (Torheiten),
die erst 1864 von der Königliche Akademie von San Fernando
unter dem Titel ›Los Proverbios‹ (Die Sprichwörter) publiziert
wurde. Am 17. September 1823 schenkte Goya das Landhaus seinem Enkel Mariano.

*Goya und sein
Arzt Arrieta*, 1820,
Öl auf Leinwand,
117 × 79 cm,
Minneapolis,
Institute of Arts

Selbstporträt
(im Alter von 78 Jahren),
1824, Feder in Braun,
7 × 8,1 cm,
Prado, Madrid

1824

Von Januar bis April hielt sich Goya aus politischen Gründen
im Haus seines Freundes Duaso y Latre versteckt. Am 2. Mai
bat er, um die Bezüge als Hofmaler weiter zu beziehen,
um offiziellen Urlaub für eine sechsmonatige Kur im
französischen Plombières. Anfang Juni verließ Goya
Spanien und machte sich über Bordeaux auf den Weg
nach Paris, wo er zwei Monate blieb. Wahrscheinlich
wollte er sich dort über die Entwicklung der neuen
Technik der Lithographie informieren. Im September
kehrte er nach Bordeaux zurück, wo er sich mit Leocadia und ihren beiden Kindern (Sohn aus erster Ehe), die
aus Spanien nachgereist waren, endgültig niederließ. In den
Wintermonaten malte Goya ungefähr 40 Miniaturen auf Elfen-
bein, die er in einem Brief an seinen Freund Joaquín Ferrer er-

wähnte und in diesem Zusammenhang behauptete, eine neue Technik erfunden zu haben, die »der Kunst eines Velázquez näher steht als der eines Mengs«. Goya betrachtete schon früh Velázquez (1599–1660) als seinen eigentlichen Lehrmeister.

1825

Goya setzte sich mit Technik der Lithographie auseinander. Es entsteht die Folge von vier Blättern ›Stiere von Bordeaux‹.

1826–1827

1826 reiste Goya nach Madrid, um bei Ferdinand VII. mit Erfolg seine Versetzung in den Ruhestand bei Weiterzahlung des Gehaltes zu erreichen. Der Grund für seine zweite Reise in die spanische Hauptstadt im Sommer 1797 ist unklar.

1828

Am 16. April starb Goya in Bordeaux.

1901

Goyas sterbliche Überreste wurden 1901 von Bordeaux nach Madrid überführt, wo man sie 1919 schließlich in der Kirche San Antonio de la Florida beisetzte.

Aun aprendo (*Noch immer lerne ich*), 1824–1828, Schwarze Kreide, 19,1 × 14,5 cm, Madrid, Prado

1 Feuchtwanger, Lion, *Goya oder Der arge Weg der Erkenntnis* (Erstausgabe 1951), Weimar/Berlin 1988, 275.

2 Ezquerra del Bayo, Joaquín, *La Duquesa de Alba y Goya* (Erstausgabe 1928), Madrid 1959, 66–67.

3 Ezquerra del Bayo 1959, 105–107.

4 Aus ›Voyage en Espagne‹, 1796. Zitiert nach Ezquerra del Bayo 1959, 144.

5 Ezquerra del Bayo 1959, 142.

6 Garate, Justo, *El viaje español de Guillermo de Humboldt*, Buenos Aires 1946, 76–77.

7 Ezquerra del Bayo 1959, 125–131.

8 *The Spanish Journal of Lady Elizabeth Holland, 1802–1805*, Ed. Earl of Jlchester, London 1910, vgl. Wiliam E. B. Starkweather, *Paintings and Drawings of Francis Goya*, New York 1916, 55–56.

9 Dies berichtet Joseph Townsend in seinem Buch ›*Travel in Spain*‹, 1776. Zitiert nach Martín Gaite, Carmen, *Usos amorosos del dieciocho en España*, Madrid 1972, 158.

10 Feuchtwanger 1988, 13–15.

11 Canellas López, Angel, Francisco de Goya, Diplomatario, 1981, ›Addenda‹, 35, Nr. 196.

12 Canellas López 1981, 272, Nr. 112.

13 Ezquerra del Bayo 1959, 147.

14 Canellas López 1981, 453, LXVI.

15 Canellas López 1981, 185, 313

16 Canellas López 1981, 455, LXIX.

17 Canellas López 1981, 314, Nr. 188. Deutsche Übersetzung zitiert nach Gassier/Wilson/Lachenal, *Goya, Leben und Werk*, 1994, 108.

18 Ezquerra del Bayo 1959, 184.

19 Darüber berichtet Mariano Francisco Nipho 1781 in seiner Schrift ›Cajón de sastre literato...‹, vgl. Martín Gaite 1972, 105–106.

20 Darüber berichtet Juan Semprey Guarinos 1788 in seiner Schrift ›Historia del lujo.‹, vgl. Martín Gaite 1972, 132.

21 *Das Porträt der Herzogin von Alba in Weiß* ist aus heutiger Sicht das erste gesicherte Bildnis der Herzogin von Goyas Hand.

22 Diese Vermutung äußert Jeaninne Baticle in ihrem Aufsatz ›Goya y la Duquesa de Alba: Que tal‹, in: *Goya Nuevas Visiones*, Madrid 1987.

23 Ein Schreiben der Real Casa vom 31. März 1798, vgl. Sambricio, Valentín de, *Tapices de Goya*, Madrid 1946, Dok. 188.

24 Feuchtwanger 1988, 313.

25 Martín Gaite 1972, 122–123.

26 Das Sonett ist von Don Manuel Aria de Arjona,
    vgl. Ezquerra del Bayo 1959, 192–193.

27 Canellas López 1981, 463, LXXXIII.

28 Ezquerra del Bayo 1959, 190–191.

29 Pardo Canalís, Enrique, ›Una visita a la galería del Príncipe
    de la Paz‹, in: Goya, *Revista de Arte*, 148–150 (1979) 300–311.

30 Canellas López 1981, 491, CXXXV.

31 Martín Gaite 1972, 42.

32 Martín Gaite 1972, 43.

33 Aus dem Lexikonartikel ›coqueta‹ von Torres y Pando,
    Diccionario castellano, Madrid 1786–1793, zitiert nach
    Martín Gaite 1972, 193.

34 Ezquerra del Bayo 1959, 212.

35 Ezquerra del Bayo 1959, 213.

36 Zur Deutung der Komposition vgl. Nordström, Folke,
    Goya, Saturn and Melancholy. Studies in the Art of Goya,
    Stockholm 1962, 142f.

37 Deutsch zitiert nach dem Ausstellungs-Katalog. *Goya Das
    Zeitalter der Revolution, 1789–1830*, Kunsthalle Hamburg,
    1980/81, 52, wie auch die folgenden Kommentare aus den
    ›Caprichos‹.

38 Ezquerra del Bayo 1959, 220

39 de Demerson, Paula, *María Francisca de Salas Portocarrero
    (Condesa del Montijo)*, Madrid 1975, 360.

40 de Demerson 1975, 360.

41 von Nörvich, Kurt, *La Duquesa de Alba*, Barcelona 1959, 243.

42 Das Schreiben ist veröffentlicht bei Ezquerra del Bayo
    1959, 225–226.

43 Der Autopsiebericht wurde minutiös veröffentlicht von
    C. Blanco-Soler, *Esbozo psicológico, enfermedades y muerte
    de la Duquesa María del Pilar Teresa Cayetana de Alba*,
    Madrid 1946.

44 Im Prolog zu Blanco-Soler/Piga Pascual/Pérez Petinto,
    La Duquesa de Alba y su tiempo, Madrid 1949.

45 Ezquerra del Bayo 1959, 212–213.

46 Ezquerra del Bayo 1959, 213.

47 Vgl. die Deutung im Ausstellungs-Katalog Göttingen,
    Goya: Radierungen, bearbeitet von Konrad Renger und
    Gerd Unverfehrt, Kunstsammlung der Georg-August-
    Universität Göttingen, 1976, 29.

48 Ezquerra del Bayo 1959, 61.

49 Matilla Tascón, Antonio, ›La herencia de la duquesa de
    Alba‹, in: Hidalguía, 1979. Siehe auch: Baticle, Jeannine,
    ›Goya y la duquesa de Alba: Que tal?‹, in: *Goya Nuevas
    Visiones*, Madrid 1987, 70.

Literatur

Zu María Teresa Cayetana de Silva,
XIII. Herzogin von Alba (Auswahl)

Baticle, Jeannine, ›Goya y la duquesa de Alba: Que tal?‹,
  in: Calvo Serraller, Francisco/Garcia de la Rasilla, Isabel
  [Hrsg.], *Goya, Nuevas visiones*, Museo del Prado,
  Madrid 1987, 61–71.
Blanco Soler, Carlos, *Esbozo psicológico, enfermedades y muerte
  de la Duquesa María del Pilar Teresa Cayetana de Alba*,
  Madrid 1946.
Blanco Soler, Carlos, *La Duquesa de Alba y su tiempo*,
  Madrid *1949*.
Bonmatí de Codecido, Francisco, *La Duquesa Cayetana de Alba,
  Maja y musa de D. Francisco de Goya*, Valladolid 1940.
Crowe, Ann Glenn, *The Art of Goya and the duchess of Alba
  (1792–1802): Minor themes and major variations*,
  Diss. Stanford University, 1989.
Ezquerra del Bayo, Joaquín, *La Duquesa de Alba y Goya,
  Estudio biográfico y artístico*, Madrid 1928.
Matilla Tascón, Antonio, *La herencia de la duquesa de Alba*,
  Hidalguía, 1979.
Schmidt, Marie-France, *La Duchesse d'Albe, Noble dame
  de l' Espagne*, Lausanne 1967.
Nörvich, Kurt von, *La Duquesa de Alba*, Barcelona 1959.

Zu Francisco de Goya (Auswahl)

Beruete y Moret, Aureliano de, *Goya*, Madrid, 1928.
Calvo Serraller, Francisco/García de la Rasilla, Isabel,
  Goya, Nuevas visiones, Madrid 1987.
Canellas López, Angel [Hrsg.], *Francisco de Goya*,
  Diplomatario, Zaragoza 1981.
Camon Aznar, José, *Goya*, 3 Bde., Zaragoza 1980–1981.
Gassier, Pierre, *Les Dessins de Goya*. 2 Bde., Fribourg 1973–1975.
Gassier, Pierre/Wilson, Juliet, *His Life and Work*, London 1971,
  (dt. Ausgabe Köln 1994).
Glendinning, Nigel, *Goya and his critics*, London 1977.
Goya, Das Zeitalter der Revolutionen, 1789–1830, Hamburger
  Kunsthalle, 1980/81.
Goya, El capricho y la invención, Museo del Prado,
  Madrid 1994.
Gudiol, José, *Goya, 1746–1828*. Biografía, estudio analítico y
  catálogo de sus pinturas, 4 Bde., Barcelona 1970.

Harris, Enriqueta/Bull, Duncan, *Goya's Majas: variations on a theme*, London 1990.

Held, Jutta, *Francisco de Goya in Selbstzeugnissen und Bilddokumenten*, Reinbek bei Hamburg 1980.

Helman, Edith, *Transmundo de Goya*, Madrid 1963.

Hofmann, Werner, *Goya. Traum, Wahnsinn, Vernunft*, München 1981.

Licht, Fred, *Goya, Beginn der modernen Malerei*, Düsseldorf 1985.

Loga, Valerian von, *Francisco de Goya*, Berlin 1903.

Mayer, August L., *Francisco de Goya*, München, 1923.

Nordström, Folke, *Goya, Saturn and Melancholy. Studies in the Art of Goya*, Stockholm 1962.

Pérez Sánchez, Alfonso E./Sayre, Eleanor, *Goya and the spirit of enlightenment*, Boston/Toronto/London 1989.

Sambricio, Valentín de, *Tapices de Goya*, Madrid 1946.

Sánchez Cantón, Francisco Javier, *The Life and Works of Goya*, Madrid 1964.

Tomlinson, Janis A., *Goya in the Twilight of Enlightenment*, London 1992.

Photonachweis